ジェンダー,
セクシュアリティー,
女の生き方,
そしてこの世界

松村 順
MATSUMURA Jun

トランス女医の
問わず語り

文芸社

目　次

初めに：わたしはトランスジェンダー？　Yes or No

　本のタイトルに「トランス女医」と謳っていながら，のっけから「わたしはトランスジェンダー？」などという疑問を語るのは，詐欺ではないか？……うーん，そう問い詰められると困るのですが，とりあえず，そんな疑問を抱いてしまった事情を説明します。

　この本を書くに当たって，トランスジェンダーについてあらためていろんな情報，知識を集めました。主にインターネットで探したのですが，それで，いささか意外なことを発見しました。ちょっと難しいかもしれないけど，引用します。
　たとえば，朝日新聞ＧＬＯＢＥ記者によって執筆されたウェブメディア「ＧＬＯＢＥ＋」の『自称すれば女性？　トランスジェンダーへの誤解　マジョリティーは想像で語らないで』という記事には，
《……『女の子は女の子らしく』『男の子は男の子らしく』という，男性と女性がどのような外見で，どう行動すべきかというジェンダー規範への違和感や反発だろうと結論づけられがちです。しかしそれは，当事者が帰属を実感する性別がどちらなのかという問題とは，全く異なる話なんです。》

と書かれています。

　あるいは，『他人事ではない！「トランスジェンダー入門」で学ぶ基礎知識』という「テンミニッツTV」の記事には，

《とはいえ，生まれたばかりの乳児にはジェンダーアイデンティティはありません。それをどう獲得していくかということにも個人差があり，獲得しない人ももちろんいます。ともかく子どもたちには，制度や慣習，構造によって二つの「課題」が一律に与えられます。一つ目は，「女の子として・男の子としてこれからずっと生きなさい」という課題，二つ目は，「女の子は女の子らしく・男の子は男の子らしくいきなさい」という課題です。

　二つ目の課題はトランスジェンダーでない人たちにとっても身に覚えがあるもので，現在では，価値観の過剰な押しつけは親子間でさえNGとされています。ところが，まず一つ目の課題を引き受けられなかったのがトランスジェンダーの人たちであることは見過ごされています。このように，課題を課題と見なさない環境がトランスの人たちにとって生きにくいのはいうまでもありません。》

　という文章があります。

　わたしがこれらの文章を読んで驚いたのは，わたしは「女は女らしく，男は男らしく」というジェンダー規範

への違和感こそがジェンダー違和感だと思っていたからです。もう少し詳しく説明すると，わたしにとって女として（男として）生きるというのは，女らしさ（男らしさ）の規範に従って生きるということです。だから，「女の子は女の子らしく・男の子は男の子らしく生きなさい」という課題のほかに，「女の子として・男の子として生きなさい」という課題があるというのが，正直なところ理解，想像できない。

　そして，《このように，課題を課題と見なさない環境がトランスの人たちにとって生きにくいのはいうまでもありません》という文章から推測すると，この課題（「女の子として・男の子として生きなさい」という課題）を課題として理解，想像できない（そのための生きにくさを実感できない）わたしは，トランスジェンダーではないということになりそうです。わたしはこれまで自分をトランスジェンダーだと思っていたから，これらの文章は意表を突くものでした。

　もっとも，トランスジェンダーの言葉の定義はいろいろあるみたいです。国連による定義は，

Transgender (sometimes shortened to "Trans") is an umbrella term used to describe a wide range of identities whose appearance and characteristics are perceived as gender atypical - including transsexual people, cross-dressers sometimes referred to as "transvestites", and people who identify as third gender……

《トランスジェンダー（時として「トランス」と略される）は，ジェンダーとして典型的でないと受け止められる外見や特徴をもつ幅広いアイデンティティーを示すのに用いられる雨傘的な用語であり，トランスセクシュアルや異性装者や第3ジェンダーと自認する人たちなども含む。……》

　とされています。

「雨傘的な用語」とは，いろんな概念・実態を幅広くカバーする用語というような意味でしょう。この定義に従えば，わたしもトランスジェンダーに含まれると思います。

　まあ，「だからどうした？」ということではあるかもしれません。ほかの人から見てわたしがトランスジェンダーであるかどうか，トランスジェンダーの定義に当てはまるかどうか，それはわたしにとってさほど重大なことではない。

　これを読んでいる人にとっても，抽象的な定義に当てはまるかどうかより，わたしが具体的にどんなふうに生きてきたかを知る方が，わたしがトランスジェンダーの枠に入るのか，枠からはみ出すのか，判断しやすいでしょう。そもそも，ジェンダー違和感とかジェンダー規範への違和感とは具体的にどういうものかを知ってもらうためにも，その方がいいかもしれません。

というわけで，わたしの経歴，ジェンダーやセクシュアリティーにかかわる経歴を紹介します。

////////////////////////

　とりあえず，略歴を記しておきましょう。

　1956年，福岡県生まれ。

　福岡高校，北海道大学文学部卒業。

　それから10年あまり，翻訳業（主にフランス語の科学技術文献）に従事。

　その後，千葉大学医学部入学，卒業後，医療に従事。現在は都内で婦人科と精神科のごく小さなクリニックを運営しながら，週何日かはよそに仕事にも出かけています。

　わたしのクリニックには，わたし自身のキャラクターもあいまって，トランスジェンダーの患者さんがわりと多く受診しています。そんな人たちの中には，幼稚園児の頃から自分の性別に違和感を覚えていたと語る人もいます。トランス女性なら，自分に買い与えられた青のバッグでなく女の子用のピンクのバッグがほしかったとか，ズボンでなくスカートをはきたかったとか，中には，同じクラスの男の子を好きになっていたとか。でも，わたしはそんなに早熟ではありませんでした。そもそも幼

い頃は性別を意識していなかった。母親に連れられて銭湯の女湯に入り，自分とほかの女の人たちの体の違い（ペニスのあるなし）に気付いてはいたけど，そしてそれが女と男の違いなのだということは分かっていたけど，それがさほど重大なことだとは思っていなかった。今から振り返ると，それが当時のわたしの素直な気持ちだっただろうと思います。

　そもそもわたしの幼年時代，1960年代初め頃の日本の（より詳しく言えば福岡の炭鉱街の）庶民の世界は性におおらかというか無頓着でした。たとえば，夏の暑い盛り，金だらいに水を張って玄関先の道ばたに出しておく。午後になれば太陽に熱せられて水はほどよい温かさのお湯になっている。わたしはそのお湯で水浴びをしていました。もちろん裸で。すぐそばを道行く人たちが通り過ぎるけど，ぜんぜん気にもしなかったし，その人たちもわたしのことを気にもしなかった。上流社会はどうだったか知りませんが，わたしが生まれ育った庶民の世界ではごくありふれたことだったのです。幕末に日本が開国したばかりの頃，やって来た外国人は日本人が道ばたで平気で水浴びしているのに驚いたという記録がありますが，そんな世界の名残がまだ残っていたのです。さすがに，大人たちはもう道ばたで水浴びすることはなかったけど。

　そんなおおらかな世界に性のわいせつさが入り込んで

きたのは小学校4〜5年生か5〜6年生の頃。年上の子供たちから仕入れたらしい性や性行為に関する話を同年配の男子たちが下卑た口調でひそひそ語り合っている。その下品な話し方や表情にどうしようもない嫌悪を感じました。性の話そのものではなく、それを語り合う男子たちの口調や態度がわいせつに思えた。もともと友達付き合いの少ない子だったけど、ますます男子たちの輪から離れていきました。

　このこともきっかけの一つだったかもしれないけど、この頃から、男子たちと一緒にいるより女子たちと一緒にいる方が気が楽というか、「ここがわたしの居場所」という感覚が芽生えるようになりました。男たちと一緒にいるより、女たちと一緒にいる方がくつろげる。一緒にいる女の子たちをことさら「異性」とは意識しなかった。性別など気にしない仲の良い友達……。でも、彼女たちにとってわたしはあくまで「男子」でした。一線を引かれている感じ、ガラスの壁のようなものがある感じ。ある程度以上には打ち解けてくれない。そんな雰囲気を感じた時のわたしの気持ち。その当時は言葉で表現することもできなかった。今から振り返れば「辛い」というほど深刻ではないけど、「世の中、うまくいかないなあ」という思いだったでしょう。

　幸い、わたしは一人でいるのが苦痛ではなかった。一人で静かに本を読む。それに疲れたら家の周りをちょっ

と散歩する。それで十分でした。男子の世界になじめないことを，男であることへの違和感とはまだ意識できなかった。自分は人付き合いが苦手なんだと思っていました。小学生時代はそんなふうに過ぎていきました。

　上品なもの，優雅なもの，洗練されたもの，華奢なもの……そのようなものへの憧れが育っていったのは，小学校を卒業し中学校に入学する頃だったでしょうか。それらは一般に「女らしい」とされる美質。自分がそうなりたいと願い，そのような美質を持ち合わせている人に憧れました。美輪明宏（当時は丸山明宏と名乗っていた）が演じる『黒蜥蜴』が話題になったのは，わたしが中学校に入学した頃。ピーター（池畑慎之介）が登場するのはわたしが中学2年生の時。男に生まれながら，女のように，いや女以上に美しい人が存在している。自分には手の届かない世界の人，そう思いながら，でも心の片隅で，自分もあんなふうになりたいと思っていました。その思いを口にすることはなかった。男の子がそんなことを口にすれば，バカにされることは分かっていたから。
　あの頃，化粧品店の店頭で見かけたポスター。エレガントな女性の写真。あんなすてきな人と友達になれるといいなという思いと，自分もあんなふうになりたいという思い，2つの思いがわたしの心に入り交じっていました。

わたしが通っていた中学はその当時，男子は丸刈りという校則がありました。わたしはおとなしく校則に従って丸刈りにしていた。そして，「高校生になったら髪を伸ばすんだ」と心に決めていました。そんな3年間の中学生活が終わり，高校生になって髪を伸ばし始め，夏頃には髪が耳を覆うほどになった。華奢な体つきで，ジーンズに女物のTシャツやセーターを着たわたしは，しばしば女の子に間違えられました。うれしかった。とりわけ，女の人から「女の子のようにかわいい」と言われるのがうれしかった。女らしい美質に憧れ，自分もそうありたいと願い，そのような美質を持ち合わせている人，つまり女の人が好きだから，女の人から「かわいい」と言われるのがうれしかったのです。

　この頃，わたしをますます男嫌いにさせ，自分が男であることがいやになる出来事がありました。

　わたしは時々里山に一人で登ることがありました。登山というよりもっと気軽な，ちょっと長めの散歩という気分。その日も，ジーンズに運動靴という気楽な格好で山を歩いていました。里山の頂上に登って，家に向かって帰っている時のこと。狭い山道を抜けて，自動車が1台通れるくらいの道に入り，しばらく歩いていると，バイクに乗った若い男に声をかけられました。「後ろに乗せてやる」と言われたので，わたしは乗せてもらい，自分の住所を告げました。バイクはわたしの家に向かって

軽快に田舎道を走る。あと10分くらいで着くと思う頃，道を外れてそばの池のほとりに乗り付け，男はバイクを止めた。

「○○のまねごとをさせろ」

　わたしは驚いたけど，不思議と恐怖感はなかった。言われるままに，パンツを下ろし，池のほとりの草の上にうつ伏せになると，男は自分のペニスをわたしの尻に押し付けました。何度か入れようと試みたけど，入らなかった。それ以上，無理に入れることはしなかった。

「もういいよ」

　そう言われてわたしはジーンズをはきました。男はわたしの見ている前でペニスをしごき始め，そして，射精してみせた。

　50年以上も前のことだけど，今もよく覚えています。

　性犯罪被害，まさにそのとおりだけど，わたしは意外に冷静な気持ちでした。「男って，こんなことをする生き物だよね」と醒めた気持ちでその男を見ていた。

　それまでの年月，わたしは男子・男性に分類され，男たちのグループに交じることもありました。男だけしかいない場所で，男たちは卑猥なことを語り合う。女がいても，かなりえげつない話をするけど，女がいないともっとえげつない話をします。それを聞く（聞かされる）機会はわたしにもありました。そして，「男って，

こんな生き物だよね」という感覚を身につけた。その時も同じような気持ちだったのでしょう。

　それから2〜3年後のこと。わたしは行きつけの銭湯で体を洗っていたのだけど、何か気になるので周りをちらりと見回すと、やや間を置いて隣に座っている人、初老というくらいの年頃の男がわたしをじっと見つめていた。わたしは不愉快な思いで視線をそらしたけど、その瞬間、視野の片隅に彼の手の動きが目に留まりました。男はわたしを見つめながらオナニーしていた。わたしは、無視して落ち着いて体を洗い、浴槽に入り、ゆっくりお湯につかってから、浴室を出て体を拭き、服を着た。出掛けに振り返ると、その人も更衣室にいて、のろのろとしたしぐさで体を拭きながら、未練がましそうにわたしを見ていました。この時もまた同じ気持ち。「男って、こんなことをする生き物だよね」。

　どちらの経験も、性犯罪被害者によくあるトラウマにはならなかった。トラウマにはならなかったけど、男への嫌悪感、そして自分が男であることへの嫌悪感はどうしようもなく強まりました。自分がこんな下品で野卑な生き物と同じ性別にくくられるのがいや。「わたしはこんな生き物の同類ではありません」と宣言したいくらい。それに反比例するように、女の人たちに心惹かれました。

　女に生まれ変わって女の人から愛されたい、そんな願いを自覚したのは、恋が物語の世界のことではなく、自

分にかかわることとして意識されるようになる頃から。もちろん，不可能な願いだと分かっていました。でも，その願いに近づけるかもと思えた瞬間もありました。レズビアンで男役の立場の女性にかわいがられたことがあるのです。彼女がわたしに恋愛感情を抱いたはずはありません。そうではなくて，ちょうどペットをかわいがるようにわたしをかわいがってくれた。わたしはそれで十分でした。

　彼女はわたしをかわいがってくれたけど，彼女を取り巻く女たちはわたしを拒絶しました。たまたま，2人の女の人に取り巻かれた彼女に道で出会って食事に誘われた時のこと。丸いテーブルに彼女とわたしが向かい合って座り，2人の女性は彼女の両脇を固めるように座る。その女性たちが醸し出す冷たい雰囲気。いくら女の子のようにかわいくても，わたしは男の子。レズビアンの世界からは拒絶されるのだと思い知らされました。16～17歳頃のこと。もう50年も前のことだけど，今もよく覚えています。

　ホモセクシュアル（男性の同性愛）はわたしの方から拒絶した。レズビアン（女性の同性愛）からは拒絶された。だとしたら，女の人から愛されたいなら異性愛の女の人から愛されるしかないのかな？　つまり，わたしは男でないといけないのかな？

「女の子のようにかわいい男の子」であるわたしを，愛してくれる女性は何人かいました。そんな，わたしを愛してくれた人との初体験はとびきり幸せなものでした。喜びに打ち震えたと言ってもいいほどです。でも，その後何回か経験を重ねる中で，違和感が育っていきました。女の性欲の対象とされ，それに自分も男の性欲で応えること，女を男の性欲の対象とするよう求められることに違和感が育っていったのです。

　女の人の体と触れあうのはうれしい。滑らかな女の人の肌の感触は好きです。その肌に触れ，肌の温もりを感じているのも好きです。女の人と体を寄せあい，その触感や温感を与えられるなら，それだけでいい。でも，わたしの体が男である限り，それだけでは終わらせてくれなかった。

　そして，男が20代を過ぎ30歳を超えるくらいになると，「愛される」という立場が難しくなります。わたしはしだいに恋愛から遠ざかるようになりました。もともと恋愛体質ではない。一人でいるのが苦にならない，一人で静かに本を読んだり音楽を聴いたりして時間を過ごすのも好きだったから。それでも多少は残った友達付き合いの相手は圧倒的に女性でした。女性と一緒にいる方がずっと気楽だから。男たちだけでつるんだことは，食事でも飲み会でも，ほとんどない。30代，40代はこんなふうに過ぎていきました。

服の話をしましょう。女らしさに憧れながら，わたしはスカートをはきたいと思ったことはありません。パンツスタイルが好きです。わたしが着るものもそうだし，女性のファッションでも，スカート姿の女性より，パンタロンスーツ姿の女性やパンツにセーターを羽織った姿が好きでした。シックでかっこいいと思う。ただ，ドレスは好きでした。あの頃の銀座あたりの高級ナイトクラブのホステスさんが着るようなエレガントなドレスは好きでした。憧れました。

　高校1〜2年生の頃，わたしは身長の伸びが止まりました。その頃のわたしの体に女物のMサイズがぴったりフィットしました。Tシャツもセーターもカーディガンもジャケットも。学校の制服以外はみな女物でした。それから20歳くらいまでに，少しだけ体格が良くなった。パンツは女物でいいのだけど，ブラウスやセーターは肩がちょっとだけ窮屈になり，袖が短くなった。残念でした。いつまでも「女の子のような男の子」ではいられないのだと宣告されたような。

　ところが30代半ば頃から，年代で言えば1990年頃から，また女物がフィットするようになったのです。9号，Mサイズでちょうどいい。わたしの体が縮んだのではありません。日本人女性の体格が良くなったのです。それにあわせて，レディーメイドの服の寸法が，サイズ表

示はそのままで，大きくなった。わたしの体型が，日本人女性の標準体型になったのでした。うれしかった。わたしはまた女物の服を買うようになりました。それからさらに5〜10年くらいすると，9号，Mサイズだとちょっとゆるい感じになり，7号，Sサイズがちょうど良くなりました。日本人女性の体型がもう1ランク大きくなったのですね。

　性別適合手術（Sex Reassignment Surgery：SRS），男の体を女の体に，女の体を男の体に作りかえる手術のことを知ったのは1970年代，カルーセル麻紀が登場した頃です。当時は性転換手術と呼ばれた手術，わたしには現実感がなかった。自分がその手術を受けることを，現実にあり得ることとして思い浮かべることができませんでした。

　SRSに再会したのは1998年，埼玉医科大学病院で性同一性障害の治療として実施され，それがメディアで広く報じられた時です。医学部で2度目の学生時代を過ごしていたわたしは，医者の卵としての興味はもちろんだけど，当事者としても興味を持ちました。自分がSRSを受けるのは「あり」なのか？

　卒業して医者になった頃からちょうどインターネットが普及し始め，わたしは折に触れてSRSの情報を集めました。そしてまた，自分の本気度を探ってもいました。

自分はほんとうに男性器を切り取ってしまいたいと願っ
ているのか？

　医者になってから，多くのトランス女性に出会いまし
た。中には男性器への切実な思いを語ってくれた人もい
ます。こんなものが体に付いていることに耐えられず自
殺を考えたことがあるとか，ハサミで切り落としたかっ
たとか，金槌で叩きつぶしたかったとか。

　わたしはそこまで思い詰めているわけではない。でも，
いやであることは間違いない。なんと言っても，グロテ
スクです。そして邪魔。あんなものが股間にブラブラし
ているのは邪魔で仕方ない。とりわけ，ダンスをする時。
その時はガードルショーツでぴったり固定するのだけど，
それはそれで窮屈です。

　問題は，この嫌悪感と，手術のための費用，手間，そ
して苦痛と，どちらが大きいかということ。

　その頃のわたしは，SRSのための診断書を何人もの
患者さんたちのために書きながら，トランス女性のため
のSRSについての情報を十分に把握していませんでし
た。膣を作らないSRSがあることを知らなかった。ト
ランス女性のためのSRSでは必ず膣造設をしないとい
けないと思い込んでいました。そして，それがかなり大
変な手術であることは知っていました。手術自体も大変
で，術後1週間くらい入院が必要だし，退院してからも，
せっかく作った膣がふさがらないようにダイレーター

（Dilator：「拡張器」という意味）を使ってダイレーションする必要があることも。

　手術のできばえにも不満でした。SRSで有名なタイのいくつかの病院のサイトには，SRSによって作られた膣，外陰部の写真がいくつか掲げられていたけど，それらはわたしの目にはきれいなものではありませんでした。

　そしてもう一つ。女性から，異性愛の女性から愛されることへの未練がまだ心の片隅に残っていたのです。この未練が最終的に吹っ切れたのが50代中頃。それで，まず精巣切除（いわゆる去勢手術）を受けることにしました。局所麻酔で30分くらいで終わる安全で手軽な手術です。その手術によって男性ホルモンがほぼゼロになった体にエストロゲン（女性ホルモンの一種）を補えば，ホルモン的には女の体になります。

　実際にやってみて気付いたのは，精巣を取るだけで邪魔さの程度が半分くらいになること。そして，性欲がすがすがしいほどに消え去ること。手術をしてみて，実は自分の中にまだ性欲，男性ホルモンによって駆動される男の性欲が残っていたことに気付いたというのが実感かも。もう，性欲などというくだらないものに邪魔されずに女性たちと友達付き合いができる。それはすばらしいことでした。

　さらにもう一つの発見がありました。その手術をした病院では，膣を作らずに済ますSRSを行なっているの

です。ペニスを切除し，尿が出やすいように尿道を処理し，陰嚢の皮膚で女性の外陰部に似せた形を作る。これだけなら日帰り手術が可能で，外陰部の外見もきれいに仕上げられる。もちろん，術後のダイレーションも不要。それなら，受けてもいい。と思いながら，すぐには決断できませんでした。その前にもう一つの出来事があったのです。

　わたしは駅やショッピングモールなどで男性トイレを使っていました。男性器があるからには男性トイレを使うべきだと思うから。わたしが男性トイレから出る時，それとすれ違いに入ってくる男性がびっくりすることがある。あわてて入り口を確かめる人もいる（自分が女子トイレに入ったのではないことを確かめる）。たまになら，おもしろがっていられるのだけど，しょっちゅうだとうっとうしくなります。そして，男たちを戸惑わせることを少しばかりは申し訳なく思います。まして，

「ここは男子トイレだよ。女の人は入ってこないで」

　と注意されたりするのは，あまり愉快なことではありません。

　それで，精巣切除をしてしばらくして，60歳頃から女子トイレを使うようになりました。使ってみると，この方がずっと摩擦が少ない。見とがめられることも，変な顔をされることもありません。そして，思い至りました。女子トイレを使うからには，ペニスを取り去るべき

だろう。体の外見を完全に女にしておくべきだろう。この思いが，最後の一押しをしてくれました。

　手術はあっけないほどでした。午後2時頃から手術が始まり，5時頃には終わり，2時間ほどリカバリールームで麻酔が切れるのを待ってから帰宅しました。その夜と翌日と翌々日は，仕事は休むことにしていたけど，日常生活はふだんどおり過ごしました。3日目からは仕事もふだんどおり再開しました。硬い椅子の座面に術部が当たると痛いので，術後1週間か10日くらいは円座を使ったけど。

　手術が終わって，グロテスクな邪魔物がなくなったわたしの体。ああ，こんなにすっきりするものなんだ。もっと早く決断しておけば良かった。でも，60代でも遅くはない。ある患者さんの言葉を思い出します。その人はかなりの年齢だけどSRSを希望してわたしのクリニックを受診した。その時ふと漏れた言葉。
「死ぬ時は，自分の望みの体で死にたいんです」

　今，わたしと友達付き合いし，他愛もない話に興じる女性たちの年齢層は30代から50代くらい。離婚した人もいる。そもそも結婚しなかった人も。男に失望した，あるいは男に見切りを付けたシスジェンダー（Cisgender：トランスジェンダー（Transgender）の逆，生まれたままの性別に違和感なく生きている人たち）の

女性が今のわたしには一番気楽に付き合える相手なのかも。性愛や恋愛を棚上げした穏やかで親しい友愛の関係，"Sisterhood"（英語）とか"Sororité"（フランス語）という言葉で表現される関係。そんな世界がやっと見つかった。

　これがわたしのジェンダーとセクシュアリティーにかかわる経歴。この経歴はトランスジェンダーにふさわしいのか，ふさわしくないのか，それは読んだ人がそれぞれに判断してください。

　わたしは，このような人間として，ジェンダーやセクシュアリティーについて考えていることを語りましょう。それに続いて，婦人科と精神科のあわいのような分野にかかわる医者として日頃思うこと，さらには，人の生き方，とりわけ女性の生き方について思うことも語ります。

第1章：トランスジェンダーをめぐる思い

―当事者として，医者として

§1　余計な心配？

　わたしは婦人科兼精神科医として15年以上にわたっ
て性同一性障害（GID）の人たちへの治療というか支援
に当たっています。男に生まれたけど，男らしさになじ
めず，精神的に女だと自認している人たち（トランス女
性，MTF：Male to Female とも言います），あるいはそ
の逆，女に生まれたけど，女らしさになじめず，精神的
に男だと自認している人たち（トランス男性，FTM：
Female to Male とも言います）。そして，そのような体
の性と心の性の不一致のため，生活のいろんな面で不都
合やトラブルを抱えている人たちです。以下の叙述では
トランス女性を例に話を進めますが，その中の「男」を
「女」に入れ替えればトランス男性にもほぼ当てはまり
ます。

　この人たちは自分の生物学的な性（男性）への違和感
＝性別違和感をいろいろ語ってくれます。たとえば服装
や持ち物。小学校に入学する時，赤いランドセルがほし
かったとか，女子制服を着たかったとか。あるいは行動

のパターン。女らしい言葉遣いやしぐさの方が自分にフィットする。男っぽい行動は苦手とか。そしてなにより，自分の体，男の体（とりわけ男性器）への違和感，拒否感。第二次性徴で自分の体が男っぽく変化していくことへの嫌悪感と絶望感。年を経るごとにこれらの性別違和感は深く大きくなり，やがて「自分は女として生きる方が楽なんだ，その方が自分には自然なんだ」と気付いて，わたしのところにやって来る。

　わたしはその人たちの手助けになると思えることをする。体を少しでも女っぽくするためのホルモン療法。体を決定的に女に作りかえるためのSRS（Sex Reassignment Surgery：性別適合手術）を受けるための診断書の作成（手術そのものは，わたしはできません）。そして，法的に性別を変更するための診断書の作成。たぶん，その人のためにはプラスになること。でも，長い目で見ると，社会全体から眺めてみると，ひょっとしてマイナスであるかもしれないという疑念がつきまとっています。

　わたしが理想と思うのは，男として生まれようと女として生まれようと，男らしい振る舞いも女らしい振る舞いもどちらも自由に選べる社会。男だからといって，無理して男らしく振る舞わなくてもいい。もちろん男らしさが自分にフィットするのなら男らしく振る舞ってもいい。男だからといって，女らしい振る舞いを拒絶しなくてもいい。もちろん，無理に女っぽく振る舞わなくても

いい。女も同様です。女だからといって，無理して女らしく振る舞わなくてもいい。もちろん女らしさが自分にフィットするのなら女らしく振る舞ってもいい。女だからといって，男らしい振る舞いを拒絶しなくてもいい。もちろん，無理に男っぽく振る舞わなくてもいい。

　「自由」という言葉をキーワードにすれば，男らしく振る舞おうとするのは「男らしさへの自由」，男らしい振る舞いを選ばないのは「男らしさからの自由」，女らしく振る舞おうとするのは「女らしさへの自由」，女らしい振る舞いを選ばないのは「女らしさからの自由」。そしてわたしが理想と思うのは，誰にでも，男女を問わず，この4つの自由が保障されている社会。つまり，男であれ女であれ，自分の性別にこだわらず自然に振る舞える社会。そのように生きていける社会，わたしにとってそれが「ジェンダーフリー：Gender free」，ジェンダーの区別から自由な社会のこと。

　もし，このような社会が実現したら，たとえば，男の子がお淑やかに振る舞っても少しも奇異な目で見られず，「オカマ」などと罵られることもなくなるなら，あるいはフリル付きのブラウスにシフォンのプリーツスカートといったいでたちで街を歩いてもバカにされたり囃したてられたりしなくなれば，性別違和感に悩む男の子の数はかなり減るでしょう。

　わたしがしていること，性別違和感に悩む男性が女に

なるのを手助けすることは，この理想に向けた動きを妨害するかもしれない。お淑やかに振る舞いたい男の子，フリル付きのブラウスやシフォンのプリーツスカートを着たい男の子は女になりなさいという風潮を作ってしまうかもしれないから。「女らしさへの自由」や「男らしさからの自由」を手に入れるためには女にならないといけないという風潮を助長してしまうかもしれないから。

　だからと言って，トランス女性たちの願いを拒むことはありません。目の前にいるその人にとって，わたしの手助けは必要だから。「緊急避難」という法律用語を思い浮かべながら対応しています。

　そして今，同じような矛盾，危険性を性自認（Gender identity）の自己決定という風潮にも感じています。どういうことか？　まず，わたしの体験談から始めます。

　もう10年以上も前，テレビドラマで性同一性障害が取り上げられ，この言葉が世間で広く認知されるようになった頃，「ひょっとして性同一性障害かも」と言って受診した女性がいました。ご本人はそんな自覚はないのだけど，職場で一緒にいる人たちが，そうじゃないかと言っているらしい。「どうして？」と尋ねたら，
「わたしは発想や行動が女っぽくないらしいんです。それで，『あんた，心は男なんじゃない？』って言われて……」
　その答えを聞いて，わたしは怒りがこみ上げてきまし

た。発想や行動が女らしくないから性同一性障害？……なんて短絡的な発想。わたしは彼女にていねいに説明しました。女だからといって無理して女っぽく振る舞う必要はないこと。あなたはあなたにとって自然と思える態度で生きていけばいいこと。

　彼女の場合は，周りから言われたのだけど，これから性自認という言葉が世間で広く知られるようになり，「性自認は女」とか「性自認は男」という言い方が広く使われるようになると，周りから言われなくても，「女らしさ」の基準からはみ出した女性が「わたしの性自認は男なの？」とか，「男らしさ」の基準に収まりきらない男性が「ボクの性自認は女かな？」と自分から悩むようになるかもしれません。文化社会的な性別規範，「女（男）らしさ」から外れた人は，女であれ男であれ，性自認は男（女）だと認めるような圧力が発生するかもしれない。それは，わたしが実現してほしいと思う世界とは真逆の世界。

　性自認という概念はへたするとこんな使われ方をしてしまうかもしれない。杞憂かな？　杞憂（余計な心配）であってくれればいいけど……。

　わたしが願うジェンダーフリーの社会，誰でも，女であれ男であれ，自分にとって一番自然な生き方で生きていける社会，「女らしさからの自由」と「女らしさへの自由」と「男らしさからの自由」と「男らしさへの自由」，この４つの自由を享受できる社会，それを目指す

のに，性自認という概念は必要なものなのか？　ひょっとしたら，邪魔なものではないのか？

　短期的には性自認の自己決定という仕組みは有益です。自分が生まれついた生物学的な性にまつわる文化社会的な規範（「男らしさ」，「女らしさ」の規範）に根深い違和感を抱く人たちが，今よりずっと簡単に手軽に性別を変えられるようになるから。その人たちにとっては朗報です。でも，その手軽さが罠になる。

　今に比べてずっと手軽に法的な性別を変えられるようになったら，「男らしさ」を求められることに違和感を抱く男性に「それならさっさと性別を女に変えなさい」という圧力が加えられるようになるかもしれない。そして結局，「男らしさになじめない人は性自認として女を選べ，女らしさになじめない人は性自認として男を選べ」という風潮を通して，「男は男らしく，女は女らしく」という束縛を強めてしまわないか？

　いささか重い話になりました。次はもうちょっと軽くて明るい話。でも，まじめな話ではあります。

　ある女性患者さん。その人は日によって男子モードと女子モードが切り替わる。男子モードの時はジーンズに男っぽい革ジャンなどを着て，口調や態度も男っぽい。女子モードの時は，メイド服みたいなかわいい服を着て淑やかに話をする。こう書くと単に服や態度の好みが変

わるだけのように受け取られるかもしれないけど，本人によればもっと本質的な変化というか深いところから人格・性格が変わるようなものだそうです。当然のことながら，意識的に切り替えるのではなくて自然に切り替わる。たとえば，昨日まで女子モードだったのに，朝起きたら男子モードになっている，みたいな。

　でも，それで何も問題はないはず。彼女はその日その日の自分にとっての自然な振る舞いをすればいいだけのこと。「今日は性自認が女なんです」とか「今日は性自認が男になりました」などと説明する必要はない。

　この話を聞くと，「それは女だからできることで，男の場合，ジーンズに革ジャンという服装はできても，メイド服は着れません」と反論する人がいるかもしれません。たぶんそうでしょう。今の日本で男がメイド服を着るのはかなりの勇気が要ります。でも，100 〜 200年前は，女がズボンをはくのもすごく勇気が要ったのです。100 〜 200年前，その勇気をふるった女たちがいたから，今の女たちはこの種の服装の自由を手にしている。男たちもがんばりませんか？

　かつて，男だけに許されていた文化社会的条件（スカートでなくズボンをはくこと，誰かにエスコートされることなく一人で外を出歩くこと，遠慮しないで自分の意見を主張すること，恋愛（そして性愛）でリードする立場に身を置くこと，高等教育を受けること，政治に参

加すること，経済的に自立することなど……）を手にし
たいと願った女たちは，この100〜200年くらいの粘り
強い闘いの末，今それを不十分ながらも手に入れた（ま
だ完了していないから「手に入れようとしている」と進
行形で表現すべきかな）。女たちは，女であるままで，
「女らしさからの自由」，「男らしさへの自由」を手に入
れようと努力してきた。そして今，ある程度は手に入れ
ている，とわたしは思います。次は，男たちの番なので
は？　次は男たちが，男であるままで，「男らしさから
の自由」，「女らしさへの自由」を手に入れようと努力す
る番なのでは？

　もちろん，全員にがんばれと要求はしません。それだ
けの強さを誰もが持ち合わせているわけではないから。
がんばれる人はぜひがんばってほしい。がんばれる範囲
で，できるだけ多くの人ががんばってほしい。

　女性の歴史を振り返っても，すべての女性が，「男ら
しさへの自由」，「女らしさからの自由」を手にしたいと
願って行動したわけではありません。そんな行動ができ
たのは一部の強い，そして恵まれた女性だけだったで
しょう。でも，その女性たちのがんばりのおかげで，そ
れらの願いがある程度は実現し，今は強くない女性たち
もその成果を享受できている。性別違和感に悩む男たち，
「女らしさへの自由」と「男らしさからの自由」を求め
る男たち，ちょっとがんばってみませんか？　ちょっと

だけでいいから。

＊言葉の定義

　これまで，何の断りもなく「女らしさ」とか「男らし
さ」という言葉を使ってきたけど，「それって，具体的に
はどういう意味なの？」とモヤモヤしている人もいるか
もしれません。わたしとしては，「女らしさ」や「男ら
しさ」の定義にあまりこだわらなくてもいいと思ってい
るのですが，一応，わたしなりの定義を述べておきます。
「女らしさ」という言葉からわたしが連想するのは，優
雅，上品，華奢，優しさ，慎ましさ，といった特性。
「男らしさ」から連想するのは，勇猛果敢，粗野，暴力
主義（力ずく），闘争心，競争心（勝ち負けへのこだわ
り），押しの強さ（図々しさ），といった特性かな。

　こんなことを書くと，「『女は慎ましくあれ』なんて女
性差別だ」とか「女だって闘争心を持ち合わせている」
とか「男でも勇猛果敢になれない人もいる」といった反
論を浴びるかもしれない。でも，それらの反論はわたし
には的外れ。わたしは，これまで述べてきたように，男
であれ女であれ，「女らしさへの自由」と「女らしさか
らの自由」と「男らしさへの自由」と「男らしさからの
自由」，この4つの自由を手に入れるべきだと思ってい
るから。「女らしさ」や「男らしさ」の定義がどうであ
れ，そのようなものから自由に生きていけばいいと思っ

ているから。「女らしさ」や「男らしさ」から自由でいられるなら，それらの言葉の定義にこだわらなくてもいいんです。そう思いませんか？

§2　ガーリッシュ

　日本やヨーロッパやアメリカなど，いわゆる先進国においては，女たちがそれなりに「女らしさからの自由」と「男らしさへの自由」を手に入れているのに比べ，男たちはまだまだ「男らしさからの自由」も「女らしさへの自由」も手にしているとは言えません。女性のパンツスタイルは今ではごく当たり前のことだし，ボーイッシュな女性は異性からも同性からも拒絶されることなく受け入れられています。時には，同性（女性）から憧れの眼差しを向けられることもあるくらい。それに対して，男性がスカートやワンピースを着るのはすごく勇気が要るし，ガーリッシュな男性は奇異の目で見られる。特に同性（男性）から，からかいや軽蔑の眼差しを向けられ，ひどい場合は「オカマ」などと罵られることもある。どうしてなんだろう？

　前のセクションに書いていたように，「100 ～ 200年前は，女がズボンをはくのもすごく勇気が要ったのです。100 ～ 200年前，その勇気をふるった女たちがいた」。ならば，男たちにそれができないのは，今に至るまでそ

のような勇気をふるった男たちがいなかったから，つまり男たちは「へたれ」だったから，ということかな？

　ひょっとしたらそうかもしれない。でも，むやみに男たちを貶めることはしないでおきましょう。勇気をふるいたくてもふるえない事情があったのかもしれない。生半可な勇気ではどうしようもないような事情があったのかもしれません。

　かつて女たちが要求したこと，たとえば，遠慮しないで自分の意見を主張すること，高等教育を受けること，政治に参加すること，経済的に自立することなど……に比べて，これから男たちが要求すべきこと，たとえば，優しい言葉遣いや話し方そして上品で優雅な立ち居振る舞いへの憧れ，暴力主義への反発，人前で泣く権利など……は，実現が難しいのかな？　それを要求するには生半可以上の勇気が必要なのかな？　……そうかもしれない。女が「男らしさへの自由」を要求するより，男が「女らしさへの自由」を要求する方が難しいのかもしれません。

　「雌雄を決する」という表現があります。どちらが優れているかを決めるという意味ですが，これは雄が優れていることを前提にした表現です。似たような表現はいろいろあります。「雄々しい」は褒め言葉だけど「女々しい」はけなし言葉です。

　言葉には，そして言葉の背景をなす人々の心には「男

36

が上，女が下」，「男らしさはプラス，女らしさはマイナス」という意識がこびりついている。そのような状況を前提にすれば，「男らしさへの自由」は言うなれば上昇・向上への自由だけど，「女らしさへの自由」は下降・堕落への自由です。たぶん，上昇・向上への自由の方が要求しやすい。下降・堕落への自由を要求するにはずっと大きな勇気が要る。

　であるなら，男たちはかつての女たちより以上の勇気をふるってほしい。女たちは，そんな男たちの勇気を応援してほしい。力を合わせて，「男が上，女が下」，「男らしさはプラス，女らしさはマイナス」という意識そのものを変えていってほしい。それはそれで苦労の多い課題ではあるけど，避けるべきではない。とりわけフェミニストを自認する人たちにとっては，最優先の課題とさえ言っていいはず。不合理な男女差別をなくすことがフェミニズムの課題であるのなら。

　男らしさ，女らしさの価値意識に関連しているけど，ちょっとばかり違う問題もあります。

　「ボーイッシュな」女の子，「男っぽい」女の子は，世間でそれなりに受け入れられます。なにより，同性（女性）から受け入れられている。そして，男たちからも，それなりに受け入れられている（と思う）。それに比べ「ガーリッシュな」男の子，「女っぽい」男の子は同性

（男性）から受け入れられにくい。……「受け入れられにくい」とはかなり遠慮した言い方で，実態を言えば，拒絶，嫌悪，反発，軽蔑されるという言い方がふさわしいくらいです。こんな男たちの反応に比べると，女たちはまだしもガーリッシュな男の子を「かわいい」と言って受け入れる度量がある。わたしの個人的な体験に基づく判断だけど，そんなに間違ってはいないと思います。もちろん，ガーリッシュな男の子を「女々しい」とバカにする女性もいるけど，比較の問題として言えば，ガーリッシュな男の子は男たちの中にいるより女たちの中にいる方が居心地がいい。

　女たちがボーイッシュな同性を受け入れるほどには，男たちはガーリッシュな同性を受け入れようとしない。この，男たちの偏狭さ，不寛容がガーリッシュな男の子たちを苦しめる。

　ガーリッシュであることとトランスジェンダー（この場合はトランス女性）は同じではありません。それは，ボーイッシュであることとトランスジェンダー（この場合はトランス男性）が同じでないのと同様です。だけど，トランス男性はともかく，トランス女性に関しては奥深い関連があると思っています。

　女たちがボーイッシュな同性を受け入れるのと同じくらいに男たちがガーリッシュな同性を受け入れるなら，ガーリッシュな男の子たちも Gender identity（性自認，

性同一性）などというものに悩まずに心安らかに男の世界に生きていられるはず。ボーイッシュな女の子が女の世界で生きられるように。でも現実には，男たちの偏狭さ，不寛容のために男の世界からはじき出され，自分のアイデンティティーに思い悩み，自分の体は男だけど心は女なのだと思い定めて女の世界に居場所を求める。そんなプロセスもあるだろうと推定しています（一部はわたし自身の体験に基づくものです）。

　心は女だけど体は男という人たちが女の世界に入り込むことによって，時として摩擦やトラブルが起こります。日本ではまだあまり問題になっていないけど，ヨーロッパやアメリカでは，SRS（性別適合手術）を受けていないトランス女性，はっきり言えばペニスを付けたままのトランス女性が女性用の更衣室や女性用のトイレに立ち入ることでさまざまな摩擦やトラブルが起きているらしいです。それらは，少なくともそれらの一部は，マジョリティーの男たちがもっと寛容であれば起こらずに済んだこと。ボーイッシュな女性を女たちが自分たちの世界に受け入れるように，ガーリッシュな男性をマジョリティーの男たちが自分たちの世界に受け入れていれば，起こらずに済んだこと。であるなら，彼らこそがそんな事態を引き起こした張本人であるはずだけど，彼らは，トランス女性と女たちの間の摩擦やトラブルをおもしろおかしく高みの見物をしている。そんな絵が思い浮かび

ます。

　何とかならないかな。まあ，現実を変えるのは難しくてしんどい。それでも，わたしにできることとして思いつくのは，言葉遣いを通してガーリッシュな男の子たちをエンパワーメントすること。現状にあって「女々しい」を褒め言葉として使うのは難しいけど，「ガーリッシュ」，「女っぽい」なら何とか褒め言葉として使えそう。だから，せっせと使いましょう。「なんてガーリッシュ！」，「女っぽくてすてき！」と心から褒める。褒める機会を逃さない。それは，ひょっとしたら，「男らしさ」の方が「女らしさ」よりも上という通念，無意識のうちにこびりついている価値意識も薄めていけるかもしれない。小さな一歩だけれど。

　かつて，差別をはねのけようとする黒人たちは，白人（名誉白人？）になろうとするのではなく，黒人であることの価値を高らかに謳い上げる戦略を選びました。"Black is beautiful！"「黒は美しい」はその象徴的なスローガンです。ガーリッシュな男の子たちも，"Girlish is wonderful！"「女っぽいはすばらしい」と胸を張って主張してほしい。女たちはそれに拍手してほしい。もちろん，わたしも拍手します。

　このセクションの最後に，ガーリッシュな男の子たちのために花の物語を紹介しましょう。

ヨーロッパの言語を学んだ人は，フランス語，ドイツ語，スペイン語，イタリア語など多くの言語では，名詞が女性名詞と男性名詞（ドイツ語ではさらに中性名詞）に区別され，あらゆる名詞が女性か男性（あるいは中性）に分類されていることをご存じでしょう（この点について英語は例外です）。

　では，「花」を意味する単語は女性名詞か男性名詞か？　フランス語（la fleur）やスペイン語（la flor）では，花は女性名詞です（"la" は女性名詞に付く定冠詞）。それは納得できる，という人が多いでしょう。花のイメージは男性的というより女性的，むしろ女性的なものの象徴とさえ言える。ところが……何にでも例外はあるものです。フランス語やスペイン語と同じラテン系の言語であるイタリア語では，花は男性名詞（il fiore）なのです（"il" は男性名詞に付く定冠詞）。

　フランス語，スペイン語，イタリア語の共通の祖先であり，ヨーロッパの古典語とされるラテン語で花を指す "flos" という名詞は，実は男性名詞なのです。イタリア語はさすがにラテン語の直系の子孫と言われるだけのことはあって，花の性をしっかり守り通しています。それに比べフランス語やスペイン語では，その言語の歴史の中で，花が性転換してしまった。いつ，なぜ，どのようにして？……と疑問が湧きますが，それに答えられる知識がありません。その代わり，ギリシャ語の花の性につ

いて語りましょう。

　ギリシャ語は，ラテン語と並ぶヨーロッパの古典語の双璧であり，近代ヨーロッパの言語にも大きな影響を残した言語です。このギリシャ語で花を意味するanthosは女性でしょうか男性でしょうか？……答えは，女性でも男性でもない中性名詞なのです。なんとなくはぐらかされたような気になりますか？

　これについて，詩人であり翻訳家でもある多田智満子さんは，その著書『花の神話学』の中でおもしろいことを指摘しています。ギリシャ神話で人が花に変身する話はいろいろありますが，その主人公はほとんどが少年であり，女（大人の女であれ少女であれ）が花に変身する話は少ないとのことです。確かに，水仙に変身したナルシスも，アネモネに変身したアドニスも，ヒアシンスに変身したヒアキントスもみな少年，それもただの少年でない，誰をも魅了する美少年です。古代ギリシャの人々にとって，女性よりもむしろ美少年の方が花にふさわしいものだったようです。そうだとすれば，花＝美少年＝中性という連想は納得できます。

　しかし，そもそもどうして古代のギリシャ人たちは，花から美女でも美少女でもなく美少年を連想したのでしょうか。多田智満子さんによれば，花と美少年に共通するものは「はかなさ」です。花の命は「はかない」ものの代表ですが，美少年の美もつかの間のうちに消え去

42

ります。美少年はあっと言う間に男になってしまう。た
とえただの男ではない美男子になったとしても，大人の
男の美は美少年の美，華奢で脆い美とは異質のもの。美
少年の美は時の流れの中にはかなく消え去るしかないも
の。であれば美少年こそ花にふさわしい……。

　詩人らしい魅力的な説明です。この説明に魅了されな
がら，敢えてもう一つの説明を付け加えます。美少年は，
もちろん女ではありません。でも，まだ男にもなりきっ
ていない。女と男の中間，中性的な存在です。このよう
な存在こそが花に匹敵する美を具有できたのだ，「花の
ように美しい」存在は，男らしさ一辺倒でも女らしさ一
辺倒でもない，両者の性質を兼ね備えた中性的存在のは
ずだ，これが古代ギリシャの観念だったのでは？　そし
て，それはまたわたしの信念でもあります。

　わたしが思い描く花のように美しい存在，外面も内面
も磨き上げられた存在とは，優雅で上品だけど，言うべ
き時に言うべきことはきちんと言える人。周りの誰にも
不快感を与えない洗練されたマナーを身につけているけ
ど，悪や理不尽にはきちんと抗議する人。女らしさの美
質と男らしさの美質を兼ね備えた人。

　花の物語，中性の価値をたたえる物語，ガーリッシュ
な男の子のためにと書いたけど，もちろんボーイッシュ
な女の子にも捧げます。

§3 あらためて，ジェンダーとは？

　これまで，「ジェンダー」"Gender" という言葉を何の断りもなく使ってきたけど，あらためてその意味を説明しておきます。UN Women日本事務所のサイトに掲載されている定義では，

《ジェンダーとは，男性・女性であることに基づき定められた社会的属性や機会，女性と男性，女児と男児の間における関係性，さらに女性間，男性間における相互関係を意味します。こういった社会的属性や機会，関係性は社会的に構築され，社会化される過程（socialization process）において学習されるものです。これらは時代や背景に特有であり，変化しうるものです。》

　分かりますか？……なんとなく分かる？　それとも，さっぱり分からない？　わたしなりの理解では，「性」の，あるいは男女の違いの，文化社会的な側面を表現するための言葉。

　性差，男女差にはいろんなものがあります。まず，すぐ目に付くのは体の違い。性器の違い，体格の違い，顔立ちの違い。これらは，言うなれば男女差の生物学的な側面です。この生物学的な性（「体の性」と言っていいかも）は "Sex"「セックス」と言います。それに対して，言葉遣いの違い，態度・振る舞いの違い，服装の違い，好む遊びの違い，得意・不得意な科目の違い，職業

選択の違いなどは文化社会的な側面です（「体の性」に対して「心の性」と言いたいけど，それだけでは語り尽くせないかもしれない）。この文化社会的な側面を指し示すために"Gender"「ジェンダー」という言葉が使われるようになりました。

　性の生物学的な側面と文化社会的な側面は切り離せるものなのか？　体の性と心の性は別物なのか？　完全に切り離せはしないと思います。2つの側面が入り交じる場面はあるし，体は心に，心は体に，影響し合う。性について語るには，生物学的な側面と文化社会的な側面の両方にきちんと目配りしないといけないはず。

　そうではあるけど，議論・探求の1つの段階として，この2つの側面をとりあえず切り離して別々に検討してもいい。時にはそれが必要でもあります。2つの側面の間にある程度のずれや食い違いもあり得ます。文化社会的な男女差は生物学的な男女差から自動的・必然的に生まれたものではない。それは広い意味での教育，学校教育だけでなく社会や家庭でのしつけ，あるいはしつけと意識もされないような大人たちの子供に対する態度によって，作られたものだから。

　子供たちは生まれた時から数え切れないほど「男の子なんだから，○○しなさい／しちゃだめ」，「女の子なんだから，○○しなさい／しちゃだめ」と言われて育ちます。はっきり言葉で言われなくても，態度や表情で示さ

れる。数学の試験で100点取ったとして，男子か女子かによって，その話を聞いた親の態度が微妙に（あるいは明瞭に）違う，なんてことはありふれています。このような広い意味での教育によってジェンダーの違い，文化社会的な男女差が作られることはたいていの人は納得してくれるでしょう。得意・不得意科目の男女差や職業選択の男女差など（文化社会的な男女差）が，男女の性器や体型の違い（生物学的な男女差）から自動的・必然的に生じるなどとまじめに信じている人はいないでしょう。

　文化社会的な要因によって生じるのであれば，一人一人の文化社会的な背景の違いによって，虹のような漸進的な色調の変化，グラデーションがあり得ます。生物学的な性（体の性＝Sexセックス）は男か女かの2つに分かれます……というのはほんとうは不正確で，実は半陰陽という存在もあるのですが，それはかなり例外的なケースで，100人中99人以上は男か女かの2つに区分できます。でも，ジェンダーは……男らしさ100％で女らしさは1かけらもないという極限事例から，女らしさ100％で男らしさは1かけらもないという逆の極限事例（どちらも，めったにいないと思う）の間で，男らしさと女らしさの比率が9：1〜8：2〜7：3……3：7〜2：8〜1：9とさまざまに変化していくグラデーションの中にそれぞれの人が位置することになるでしょう。

　グラデーションだとしたら，それを女と男の2つに切

り分けるのは無理ではないか？　色にたとえれば，黒と白の間に多様な灰色があるはずだから。わたしはまじめにそう思います。体の性については男女の2項分類が一応成り立つけど，ジェンダーはそんな単純な2項分類は無理だと思っています。

　ここまでの議論を聞いてきて，鋭い人は一つの疑問を思い浮かべるかもしれません。
「ジェンダーの違いが教育やしつけ，あるいはしつけと意識もされないような大人たちの子供に対する態度によって作られるのなら，そもそもどうしてトランス女性とかトランス男性という人たちが出現するのか？」
　トランス女性たちは男の体を持って生まれ落ち，周囲からは男と見なされ，子供時代から思春期にかけて，あるいはその後もしばらく，男として教育され，しつけられてきたはずです。なのにどうして，その人に「女の心」が形作られるのか？　同じ疑問は男女を入れ替えればトランス男性についても言えます。
　この疑問にきちんと答えることは，今のわたしにはできません。これまでの体験と直感で答えるなら，「素質」のためでしょう。幼稚園児の頃から女っぽいものに心惹かれていたといったトランス女性の自分史を聞くと，そんな素質だったんだね，と言いたくなります。もちろん，素質とはずいぶんあいまいな言葉だと自分でも思い

ます。脳科学がもっと進歩すれば，心の男女差を生み出す脳の構造の違いが明らかになるかもしれません。だとしたら，脳の構造の違いが明らかにされたら，それによってジェンダーもきっちり男女の2つに区切られるようになるのか？　そうはならないでしょう。脳の構造の個人差は，言語野の大きさの違いとか，手指の動きをコントロールする運動野の範囲の違いとか，これまで知られている限りでは，＋と－，OnとOffのような2分割ではなく，ある程度の変動幅を伴うグラデーションだから，男女差にかかわる脳の違いも，男性器と女性器の違いのようにきっぱり2つに区別されるのではなく，グラデーションによる変移，徹底的に男っぽい脳から徹底的に女っぽい脳まで，幅のある変動であるでしょう。そして，脳には可塑性があります。脳は生まれてから以後の経験によって成長，変化していけるのです。

　つまり，人の個性のあらゆる側面と同じく，心の性も素質と経験によって作られ，虹色のグラデーションを描くということ。

　同期のライバルを蹴落として出世したいという欲求は男性に多いかもしれないけど，女性が抱いて悪いわけはない。幼子を慈しみ育てたいという欲求は女性に多いかもしれないけど，男性が抱いて悪いわけはない。さまざまな欲求，さまざまな好み，さまざまな夢，さまざまな理想……それらを無理して男女に切り分ける必要はない。

女であれ男であれ，女らしさや男らしさの枠に縛られず，自分の思うように願うように生きていいはず。それが，わたしの願う世界。ジェンダーフリーの世界。

　その世界では，自分のジェンダーは女なのか男なのかと悩む方がバカバカしい……過激かな？　確かに，性自認をめぐる議論そのものを無意味にしてしまう意見かもしれません。でも，わたしはそう思っています。

　まあ，いつの日か実現してほしいジェンダーフリーの社会についてはこれくらいにして，今現在，ジェンダーによる差異，区別そして時には差別も存在する社会に戻りましょう。

　先ほど，「文化社会的な要因によって生じるのであれば，一人一人の文化社会的な背景の違いによって，虹のような漸進的な色調の変化，グラデーションがあり得ます」と書きましたが，それにしても，周りから男の子と認知され男の子として育てられるのと，周りから女の子と認知され女の子として育てられるのでは，傾向的な違いは生じるでしょう。

　わたしは男の子と認知され男の子として育てられた。そんなわたしは，女の子であれば誰もが経験することのいくつかを経験してこなかっただろうし，逆に彼女たちが経験するはずのないことのいくつかを経験したでしょう。この経験の違いは，心のあり方になんらかの跡を残

しているはずです。

　たとえば，こんなことがあります。わたしは子供の頃，友達付き合いが苦手で，一人で家の近くの野原や田畑の間をぶらぶら歩き回っていました。男の子が一人で外を出歩いていても，誰からもとがめられることはありませんでした。

　この話をある女の人（トランス女性ではない生まれながらの女性）にしたら，その人は，
「わたしはそんなことさせてもらえなかった。『女の子は一人で外に出ちゃだめ』って言われて，一人で外に出してもらえなかった」
と語りました。

　わたしは虚を突かれる思いでした。幼い頃，外を自由に歩き回れるのと，それが制限・禁止されるのとでは，精神形成にそれなりの違いを生むはず。たまたま彼女が過保護だったのかもしれないけど，そういう制約を子供の頃から感じていた女性は珍しくはないのでしょう。なぜ彼女は一人で外を歩くのを禁じられたのか？　いろんな理由があるかもしれないけど，一番大きな理由は，女の子が一人で外にいると「いたずら」されるかもしれないから。つまり，性犯罪の被害を受けるかもしれないから。女性の一部（ひょっとしてかなりの部分）は，幼い頃からこんな注意をされ，制約を課せられて成長する。いや，それを制約と感じることさえなかったかもしれま

せん。それが当たり前だと，疑問にさえ思わなかったかもしれません。ともあれ，そのような制約の中で育った人と，出歩く自由を満喫して育った人では，大げさに言えば見えている世界が違っているかもしれません。

　同様のことはほかのトランス女性についても言えるはずです。性自認は女であるにしても，それまでの人生経験は，そしてそれに基づいて形作られた感性は，生まれながらの女性の経験や感性とは食い違っている部分があるということ。

　トランス女性たちは，本人にとってどれほど不本意であっても，男の体を持って生まれ落ち，周囲からは男と見なされ，子供時代から思春期にかけて，あるいはその後もしばらく，男として教育され，しつけられてきたはずです。「性自認は女です」という言葉がどれほど真正のものであっても，その人が背負っている経験は女に生まれついた人が背負っている経験とはある程度（ひょっとしたら，かなり）ずれている。経験に基づいて作られる感性にもずれがある。当たり前のことだけど，きちんと確認しておきましょう。

　たとえば，生理の不快感は実感しようがない。生理の不快感くらいはささいなことかな？　そうかもしれません。でも，性犯罪被害にかかわる感性の違いは，ささいとは言えません。

　夜道を一人で歩く時の心細さ，後ろから男の足音が聞

こえた時の恐怖は，トランス女性には実感できないかもしれません。女性にとっては肌身にしみていることです。それは妄想でも思い過ごしでもない，現実的な恐怖です。

　女たち（トランスでない女たち）は物心つく頃から潜在的な性犯罪被害者の立場に身を置いてきた。身を置かざるを得なかった。トランス女性たちの多くはおそらくそのような立場に身を置かずに済んできたでしょう。その違いが作り出すその感性のずれに敏感であってほしい。

　わたしは，欧米から時おり伝えられる女子トイレや女子更衣室をめぐるトラブル，つまり，SRS（性別適合手術）をしていないペニスを付けたままのトランス女性が女子トイレやスポーツジムの女子更衣室を使用することに，トランスでない女性が恐怖するというトラブルを見聞きする時，この点を痛切に感じます。ペニスを持たない生き物がペニスを持つ生き物に対して抱く恐怖感を，実感するのは無理かもしれないけど，想像する努力はしてほしい。

　性犯罪被害にかかわる感性の違いは，トランス女性と女に生まれついた女性の心の違いの一例です。ほかにも食い違いはいろいろあるでしょう。そのことを，トランス女性はきちんと認識してほしい。認識した上で，「わたしは『本物の』女ではない」などと悲観しないでほしい。繰り返すけど，ジェンダーの違いはグラデーションです。グラデーションの中でちょっとばかり違う位置を

占めている，それだけのことです。自分とは違う他者の感性を尊重するのは当然だけど，その違いを深刻に受け止めすぎて傷つかなくてもいい。

　要は，相手の気持ちを思いやって，相手を不愉快にさせるような言動は避けるという社会生活の基本ルールにかかわることなのです。でも，ジェンダーがからむと重大なことに思えてしまう？　わたしとしては，そういうジェンダーへのこだわりを解きほぐしたいですね。

§4　こだわりから抜け出して

　話の切り口としてSRS（性別適合手術）を取り上げましょう。SRSについては後で詳しく説明するつもりですが，トランス女性のためのSRSは，

1：精巣切除手術

2：陰茎切除＋外陰形成手術

3：腟造設手術

の3段階からなります（段階と言っても，1度の手術で3段階すべてを済ますこともできます）。

　このうち，1（精巣切除手術）と2（陰茎切除＋外陰形成手術）だけならわりと簡単で，日帰り手術も可能です。わたしの場合はそうでした。それに比べて，3（腟造設手術）はかなり大変で，1週間くらいの入院が必要になり，手術が終わった後もいろんなメンテナンスが必

要になります。

　そんな大変な手術なら，しないで済ませばいいだろうと思います。しなくても，1と2だけでも体の外見は女になります。でも現実には，多くのトランス女性が膣造設を希望します。なぜだろう？……真っ先に思いつくのは，好きな男性（今現在好きな男性，あるいはこれから恋に落ちるかもしれない相手の男性）と膣性交するため。実際にはそのような機会に恵まれないかもしれないけど，可能性は確保しておきたいという気持ち。でも，それと並んで，「ほんとうの女になりたい」，「完璧な女に一歩でも近づきたい」という気持ちもあるようです。実際，インターネット上には「膣を作るのは性交のためじゃない。アイデンティティーの問題なんだ」と語る人もいます。膣があってこそ本物の女という思いなのでしょう。

　でも，そんなに思い詰めない方がいい。「本物の女」にこだわらない方がいい，とわたしは思います。そもそも，ジェンダーの違いはグラデーションなのだから。

　一般論として言えば，こだわりは人を幸せにするより不幸にする方が多い。さまざまなこだわりを捨て去るのが幸せへの道。別にわたしのオリジナルな意見ではありません。それどころか，古来多くの哲学者や宗教家が語ってきたことです。ブッダ，老子，エピクロス……。わたしもこれら偉人の肩に乗って，こだわりから自由に

なることをふだんから患者さんたちに勧めています。人間関係へのこだわり，他人からの評価へのこだわり，自分の体型や容貌へのこだわり……そしてジェンダーへのこだわりも。こだわりを強化するより，解きほぐす方が人は幸せになれる。自分のジェンダーはどっちなのか？男か，女か，はたまた中性か？　などという疑問を気にせずに，自分にとって自然なふうに生きていければそっちの方がいい。たかがジェンダーではありませんか。

　わたしは若い頃，男の子だけどよく女の子に間違えられました。間違えた相手はとても驚き，時には落胆し，さらには怒ることさえあった。でも，なぜあれほど驚かれ，落胆され，怒られさえしなければいけなかったのだろう，と今になって思います。わたしが女だろうと男だろうと，わたしの顔立ちや体型が変わるわけじゃない，わたしの立ち居振る舞いや雰囲気が変わるわけじゃない，わたしの人柄や性格が変わるわけじゃない。わたしはそれまでどおりのわたし，外面も内面も。友達として，同級生として，同僚として，付き合うのに何の違いもないはず。それなのになぜそんなに驚かれ，落胆され，怒られるのだろう。たかが性別が予想と違っていたというだけのことで。

　ジェンダー問題についての研究書などを読むと，ジェンダーは人生の重大問題のような気がしてきます。研究者というものは自分の研究テーマを人生や社会にとって

重大なことと思っているから（だからこそ研究テーマに選んだ），そういう書き方をするのは当たり前だけど，当事者がそれにつられてジェンダーを自分の人生の重大事のように信じ込むのはお勧めしません。「あなたはどんな人？」と訊かれて，真っ先に「トランス女性（あるいはトランス男性）」と答えたくなる心理状態は，どうなんでしょう……。

　わたしが同じ質問をされたら，真っ先に答えるのは「医者」でしょう。ほんとうは医者という答えはおおざっぱすぎて専門分野を答えるべきかもしれないけど。その答えに続いて，「ダンスが大好き」とか，「モーツァルトとバロック音楽が好き（でもジャズやロックも聴く）」とか，「基本的にインドア派」とか，「グルメにはあまり興味ない」といった答えに混じって「トランス女性」という答えが顔を出すくらいがちょうどいい。ジェンダーは人生という多面体のうちのたった一つの面なのだから。

　現実のわたしは，典型的な男性でないことは言うまでもないとして，たぶん典型的な女性でもない。中性っぽく生きているのだろうと思います。残念ながら今の日本の法律で中性という性別は選べないから，男か女かどちらかと問われたら，女である方がなじめるから，そして体が女性形だから，女の性を選んでいる，それがわたしの正直な実感。ふだんの生活では法律上の性別など気にせずに生きています。性別って，その程度のもの。そん

な冷めた意識でいる方が楽に生きられる。

　時として，トランス女性が過剰なほどに女らしさにこだわり，トランス男性が過剰なほどに男らしさにこだわることがあります。それは，本人にとって幸せなことではない，と思う。

　性別にこだわらない生き方が望ましいとしても，目に見える体の違いはどうしても気になってしまうかもしれません。とりわけ性器の形の違い。
「日本を含むほとんどの人間社会で人はほかの人たちのいる場所では服を着て生活しているから，性器が男性形か女性形かが人目に触れることはない。だから実際の社会生活であまり気にする必要はない」
　という意見もあります。確かに，他人に見られる機会はごく少ないでしょう。でも，自分では毎日いやでも目に付いてしまう。
　性別には，ジェンダー≒文化社会的な性≒心の性だけでなく，セックス≒生物学的な性≒体の性もある。心は女（男）なのに，自分の体が男（女）であることの違和感，それはジェンダーフリーの世界でも消え去ることはないはず。この体への違和感こそが，ジェンダーフリーの社会にあっても残存する性別違和感なのでしょう。ジェンダーにこだわる必要はなくなっても，体の違いへのこだわりは残ってしまう。

§5 体と心：トランス男性とトランス女性

　わたしがかかわったトランス女性たちはみな，自分を縛り付ける男の体を，とりわけ自分が男であることを見せつける男性器を嫌い，それを取り去りたいと願っていました。体が心を裏切り，心を傷つける。同じようなことはトランス男性にもあります。胸の膨らみは，いやでも自分の体が女であることを思い知らせる。あるいは生理の出血も，体と心の不一致を見せつけます。

　体と心の不一致，できることなら解消したい。そのための方法はわたしが思いつく範囲で3つあり得ます。

　まず，そんな不一致はたいした問題じゃない，体と心の不一致なんてどうでもいいことなんだとマインド・セットすること。このマインド・セットがうまくいく人もいます。そういう人は体と心の不一致に悩むことなく，心安らかに生きていける。でも，マインド・セットがうまくいかない人もいます。わたしの知る範囲では，できない人の方が多い。その場合，2つの方法が残されています。

　1つは，心を体にあわせて作りかえる。もう1つは，体を心にあわせて作りかえる。どっちがいいか？　どちらが良くてどちらが悪いのか，とか，どちらが正しくてどちらが間違っているのか，という問いには「正解」がありません。それぞれの人の価値観にかかわるから。心

こそ人間の本質と信じる人にとっては，心を体にあわせて作りかえるなど言語道断かもしれません。わたしもどちらかと言うとこの発想に近いのですが，別の考えの人もいるでしょう。だから，このような価値観がからむ問いには正解はありません。それに対して，「どちらが簡単か？」という技術的な問いには答えがあります。現状にあっては，体を心にあわせて作りかえる方が，その逆よりずっと簡単です。

　だから，現状にあっては，体と心の不一致を解消するため，100％解消できないまでもその落差を少しでも小さくするために，体の性を心の性に近づける方法がとられます。主にホルモン療法と手術（SRS：性別適合手術）です。

　ホルモン療法では，トランス女性に女性ホルモン（主にエストロゲン）を投与し，トランス男性に男性ホルモン（主にテストステロン）を投与しますが，女性ホルモンと男性ホルモンでは効き方がかなり違います。男性（生物学的な意味での男性，男の体を持つ人）に女性ホルモンを投与するより，女性（生物学的な意味での女性，女の体を持つ人）に男性ホルモンを投与する方が効果が目に見えて現れます。

　女性に男性ホルモンを投与すると，

・声が低くなる。

・体毛が濃くなり，ヒゲも生える。

・筋肉が付きやすくなり筋肉質の体になる。

といった変化が生じます。要するに体が男っぽくなるわけです。男性ホルモン投与を始めて1年くらいすると，顔立ちや体つきといった外見，さらに声の質など，かなり目立って変化します。さらに，多くの場合，生理が止まります。これは，外から分かる変化ではないけど，本人にとってはかなりうれしいことのようです。逆に，ホルモン療法をやっていても忘れた頃に（年に1回くらいとか）生理があると，いささか落ち込みます。

それと，胸（乳房）は男性ホルモンでも小さくなりません。胸を小さくするためには，どうしても手術が必要になります。これが，トランス男性へのホルモン療法の限界です。

男性ホルモン投与にかかわって最後に女子アスリートの事情を述べておきます。この場合の「女子」は生物学的な意味です。女の体を持って生まれ育ち，アスリートとしての素質に恵まれて，女子スポーツ（女子柔道であれ女子水泳であれ女子テニスであれ……）でそれなりの活躍をしている人が，実は心は男なんだと思い悩んでいるケースがたまにあります。その人にとってホルモン療法はとても重大な選択になります。テストステロンなど男性ホルモンのほとんどは筋肉増強剤として使えるのでドーピングの禁止薬物になっているからです。つまり，

男性ホルモン投与を始めるということは，アスリートとしての公式の活動を諦めるということなのです。でも，この重大な選択をする人もいます。わたしは2人知っています。

　次に，トランス女性へのホルモン療法について。
　男性（生物学的な意味での男性，男の体を持つ人）に女性ホルモンを投与しても，逆の場合ほど劇的な効果は現れません。声も高くはなりません。体毛はやや薄くなります。ちょっとばかり肌のきめも細かくなる。傍目にはよく分からないかもしれないけど，本人には感じられる。体型の変化は個人差が大きく，筋肉が落ちて脂肪が付いて柔らかみのある体型になる人もいるけど，ほとんど変化しない人もいます。胸はちょっと膨らみます。せいぜいＡカップくらいだけど。
　この程度の変化ではあるけど，体への違和感を抱くトランス女性にとってはうれしいことです。それと，目に見える変化ではないけど，女性ホルモンを数ヶ月～1年以上投与しているとペニスが勃起しにくくなります。これもトランス女性にとってはうれしい変化です。勃起は自分の体が男であることをまざまざと実感させる現象だから，それが減る（完全にゼロにはならないけど）のは歓迎すべきことなのです。
　こういうわけで，多くのトランス女性から歓迎される

ホルモン療法だけど,「女性ホルモンはうつ病の原因になる」という根拠薄弱な噂が流れているらしいです。確かに,女性ホルモン剤の説明書には生じ得る副作用として「抑うつ」が記載されています。だけどこれは「ひょっとしたらあるかもしれない」レベルのことです。とりわけトランス女性への女性ホルモン投与に関しては,むしろ抑うつを改善するというデータがあります。

　ある医療サイトに掲載された『トランスジェンダーへのホルモン治療は精神にどのような影響を与えるのか』という記事で,

　著者の稲葉可奈子さんは "Psychosocial Functioning in Transgender Youth after 2 Years of Hormones"『ホルモン投与2年後の若年トランスジェンダーの心理社会的機能』というアメリカの研究論文を引用して,

《ホルモン治療開始から2年間追跡したところ,外見的一致,肯定的感情,生活満足度は増加し,抑うつ症状と不安症状は減少した。》

　と紹介しています。

　トランスジェンダーの人たちに抑うつや,場合によっては希死念慮さえ生じることはあります。でもそれは,世間（ネット世論も含め）の無理解,悪意,誹謗,中傷によるものがほとんどです。

　体と心の不一致に悩む人が,その不一致を軽くする治療を受けて,メンタルが改善することはあっても悪化は

しない，それは常識でも分かること。敢えて反論するのもバカバカしいくらいのことでしょう。

　トランスジェンダーの人たちにとっていろいろプラスになるホルモン療法ですが，限界もあります。トランス男性の胸を小さくすることはできません。トランス女性のペニスを消し去ることもできません。それらの願いを叶えるにはどうしても手術，SRSが必要になります。

　SRSの具体的な手法については次のセクションで説明します。ここでは，社会的な側面について語りましょう。

　まず，言葉の問題。最近，アメリカ合衆国では，SRS（Sex Reassignment Surgery）でなくGAS（Gender Affirming Surgery）という言葉が使われているようです。SexがGenderに，Reassignment（再配置）がAffirming（肯定する）に置き換えられている。ReassignmentをAffirmingに変えるのはまあ良いとして，SexをGenderに変えるのは，違うんじゃないかな。Genderは性の文化社会的な側面を示す言葉として使われるようになったはず。でも，手術で変えるのは心ではなくて体，性の生物学的な側面なのだから，GenderではなくてSexを使うのが適切だと思います。なので，ここでは以後もSRSという言葉を使います。

　次に，SRSをめぐる法的な問題。日本では，法的な性別（戸籍に記載される性別）を変更するに当たっては

SRSで体を変えることが条件とされてきました。昨年（2023年），その条件が違憲とされ，SRSをせずに法的な性別を変更するための道筋が見えてきました。手術したくない人に無理に手術を強制すべきでないという議論ですが，これは法的な性別はSex（生物学的な性別）ではなくGender（文化社会的な性別）に基づいて決めてよいという判断でもあります。

　それはそれでかまわないのですが，法的な性別がGenderに基づくことになったからといって，生物学的な性別が意味を失うわけではありません。社会生活の中では，生物学的な性別が優先されるべき場面もあります。たとえば，男湯・女湯の仕切り。

　厚生労働省は昨年（2023年）6月に，《公衆浴場や旅館施設の共同浴室ではこれまでどおり「身体的特徴」で男女を取り扱い，混浴させないこと》を確認する通知を出しています。男湯・女湯の仕切りは生物学的な性別に基づきなさいということです。

　厚生労働省の通知の背後にどのような思想があるのかは分かりませんが，わたしはこの通知に賛成です。その理由は前セクションで述べた女性たちの恐怖心，潜在的に性犯罪被害者の立場に身を置いてきた女性たちがペニスのある生き物に抱く恐怖心への配慮からです。誰も，ほかの誰かに恐怖を与える権利はないのです。

　法学に他者危害原則という発想があります。自由は，

他者に危害を及ぼさない範囲で認められるという原則です。恐怖を与えることは，危害を加える行為の一種だから，他者に恐怖を与えるような自由は認められないはず，わたしはそう思っています。要するに，女湯に入りたいならSRSを受けて体を女性形にしてからにしなさいということです。

　ただ，ここで問題。SRSへのアクセスが制限されているという現実があります。現状では誰もがSRSを受けられるわけではありません。まず，金銭的な負担（100万単位のお金がかかる）。そして，手術を受けるために，というか受けるための診断書を得るために，何年も精神科受診を要求されることもある，その時間的・金銭的なコスト。そして，実際以上にSRSを危険な手術だと語り，当事者の意欲をくじく人たちの存在。これらの障害はできるだけ小さくしてほしい。

　まず，保険適用の拡大。GID（性同一性障害）学会のサイトに記載されている情報によれば，2023年4月の時点でSRSを保険適用で実施できるのは日本全国で8ヶ所の病院だけです。それぞれの病院で受け入れ可能な患者数を考えると禁止に近いほどのアクセス制限と言えます。これまでSRSの実績のある医療機関では保険適用で手術できるようになることを願ってます。

　そして，SRSにたどり着くまでの精神科受診の長い道のり。確かに，体を作りかえたいという希望が一時の

気の迷いでないかどうか，慎重に見極めないといけない
ケースもあります。でも，すべてのケースがそうではな
い。むしろ，わたしが出会った範囲では，多くのトラン
ス女性，トランス男性は精神科を受診する時点で自分の
性自認が確立しており，手術への気持ちが固まっていま
す。そのような人たちに何年にもわたる精神科受診を強
いるのは，本人を苦しめるだけの無駄に残酷な行為では
ないか。そもそも，SRSを受けるのに精神科医の診断
書を必要条件と定める法律は存在しません。SRSを行
なう病院が独自に判断してもいいのです。法的な性別変
更のための要件も緩和されるような時代の変化の中，
SRSを受けるための障害も低くなってほしいと思いま
す。たかが性器，「邪魔だから切り取りたい」で，どう
してだめなんだろう。

　最後に，SRSの医学的リスクについて正しい情報が
普及してほしい。具体的な術式（手術の内容）とそれに
伴うリスクが，過大評価も過小評価もなく正しく伝わっ
てほしい。いつの日か，希望する人が誰でも無意味な不
安や恐怖を抱かずにSRSを受けられるように。

　昨年（2023年）の9月に『日経メディカル』という医
療サイトに『米国で性別適合手術件数（GAS：Gender
Affirming Surgery）が急激に増加』という記事が掲載さ
れました。

　この記事は，JAMA Network Open誌のウェブサイト

で概要が閲覧できる"National Estimates of Gender-Affirming Surgery in the US"（アメリカ合衆国における性別適合手術の全国的推定）という論文の内容を紹介したものですが、それによれば、アメリカ合衆国では性別適合手術の利益が明らかになるにつれて、それを受ける患者が増加しており、2016年から2019年の3年で4552件から1万3011件に増えた。3年でほぼ3倍の増加です。《GASの満足度は高く、QOLの向上や性別違和感の軽減に役立つことが示されている。さらに、GASが抑うつや不安の低減とも関係するという報告もある。GASの安全性については、周術期の合併症は容認できるレベルであることが示されていた。》

という記述もあります。

3年で3倍というのはすごい増え方です。この間、アメリカ合衆国で何か特別な事情があったのでしょうか。たとえば、手術の費用が保険で償還されるようになったとか。あるいは、性別適合手術が脚光を浴びるきっかけになった出来事があったとか。あるいはまた、それまでは手術を受けてもそれを公表するのをためらう雰囲気があったのが、この数年でそんな雰囲気が払拭されて、手術件数の統計の信頼度が高まったとか。

それらさまざまな事情があったとしても、短期間でこれほど性別適合手術の件数が増えたということは、それまでいろんな理由で手術をためらっていた人がたくさん

いたのでしょう。そんな人たちが，有益で安全な手術だという情報が広まることで，手術を決断したということも，件数が増えた理由の一つだと思います。

　日本では，どうなのでしょう。日本でも，手術の安全性と有益性について，そしてもちろん手術のリスクや限界についても，正しい情報が広まってほしい。次のセクションでの説明がその役に立ってくれることを願っています。

§6　SRS（性別適合手術）の実際

　というわけで，SRS（性別適合手術）の実際について説明しましょう。

　当たり前だけど，絶対安全な手術ではありません。でも，それを言うなら，あらゆる手術には多少のリスクはあるのです。安全で簡単な手術の代表のように言われる虫垂切除手術だって，絶対安全なわけではありません。SRSにもリスクはある。でも，熟練した術者によって行なわれるなら，命にかかわるほど危険な手術ではありません。

　まず，わたしが実際に体験したトランス女性に行なわれるSRS。§4にも書いてますが，これは3段階に分けられます。

1：精巣切除手術

２：陰茎切除＋外陰形成手術

３：腟造設手術

　１の精巣切除手術というのはいわゆる去勢手術のこと
で，局所麻酔で30分くらいで終わる簡単な手術です。
遊牧民は1000年以上も前から家畜の去勢手術を行なっ
ていて，それで家畜を死なせることはほとんどなかった
し，獣医は雄猫や雄犬の避妊手術として去勢手術をしま
す。手軽で安全な手術です。こんなことを書くと「人間
を家畜やペットと一緒にするな」と怒られそうだけど，
手技，手術の技法という点で言えば，家畜やペットの去
勢手術もヒトの去勢手術もさほど違いはありません。

　精巣を切除すると男性ホルモンがほとんど分泌されな
くなります。ヒトは，健康に生きていくために女性ホル
モンか男性ホルモンかどちらかは必要なので，ホルモン
を補います。トランス女性の場合，せっかく精巣を切除
したのに男性ホルモンを補うという選択肢はあり得ない
から女性ホルモンを補います。この時点で，ホルモン的
には女性になったと言えます。人によっては，女性ホル
モンを補い始めて1年くらいすると胸が膨らんできます。
と言っても，せいぜいＡカップくらいまでですが。

　２の陰茎切除＋外陰形成手術。ペニスを切り取る手術
と陰部の外見を女性器に似せて作る手術です。「ペニスを
切り取る」などと聞くと「痛そう！」と思うかもしれな

いけど，ご心配なく，ちゃんと麻酔をします。ただ，ペニスを切り取っただけだとおしっこの出口が不自然なので，尿路をちょっと修正します。外陰形成では陰嚢の皮膚を使って女性の外陰部に似た形を作ります。美容外科のセンスが求められる手術です。ペニスを切り取っただけだと痕が不自然なので，陰茎切除＋外陰形成術はほとんどの場合セットで行なわれます。慣れた術者なら，わたしの場合がそうだったように，日帰り手術が可能です。

　この手術が終われば，体の外見はほぼ女性形になります（ちょっと胸が貧弱だけど）。ただ，後でも論じるけど，体の中身は女にはなりません。子宮も卵巣もないから。

　3の膣造設手術。膣を作る手術。トランス女性のSRSで一番大変な手術です。腹部臓器の重みを支える骨盤底の強靱な筋肉に穴を空けるのだから，大変なのは仕方ないでしょう。日帰り手術は無理で，1週間くらいの入院が必要になります。さらに，手術が終わった後も，せっかく作った膣がふさがらないよう，ダイレーターという器具を入れる作業を1日数回しないといけません。かなり辛いとのことです。

　そんな辛いこと，しないで済むならしたくない，ということであれば，この手術は省略できます。わたしは省略しました。すでに述べたように，陰茎切除＋外陰形成手術だけでも体の外見は女性形になります。体への違和

感はかなり解消するでしょう。

　ただ，ちょっとばかり悩ましい問題があります。やや細かな話になりますが，腟造設手術には，反転法とS字結腸法という2つの方法があります。反転法というのは，ペニスの外皮を裏返して（反転して）腟の粘膜として使って腟を作る方法です。S字結腸法というのは，S字結腸の一部を切り取って腟粘膜として使い，腟を作る方法です。想像できると思いますが，S字結腸法の方が体の負担は大きいです。だけど，これもまた想像できると思うけど，反転法で腟を作るには陰茎切除と同時に腟造設を行なわないといけません。SRSを受ける時点では腟は要らないと判断して陰茎切除（＋外陰形成術）だけで済ませたけど，何年かして「やっぱり腟も作りたい」と思った時には，S字結腸法しか選択できません。この点を分かった上で，腟造設をするかしないか，決めてください。

　トランス男性のためのSRSは乳房切除と子宮卵巣切除の2段階です。これらは，わたしには実体験がないので知識に基づいて説明します。

　乳房切除は乳ガンの治療法として，ハルステッド手術の時代から数えれば100年以上の歴史があります。子宮卵巣切除も，子宮ガンや子宮筋腫あるいは重度の月経困難症の治療のために長年にわたって行なわれてきた手術です。どちらの手術も長年の経験の中で改良が積み重ね

71

られ，安全性はとても高いです。もちろん，トランス男性はガンではないけど，手術そのものとしてはガンの治療のために行なわれる手術とほとんど同じです。むやみに怖がる必要はありません。

　念のために付け加えると，ガンの治療として乳房切除や子宮全摘を行なう場合，転移を防ぐためにリンパ節郭清も一緒に行なうことがあります。すると，術後に手足がむくむという障害が引き起こされることがあります。SRSのための乳房切除や子宮卵巣切除ではリンパ節郭清はしなくていいから，そんな障害は起こりません。

　ただし，トランス男性の場合，乳房切除と子宮卵巣切除をしただけでは，体の外見は男性になりません。ペニスがないのです。ペニス（らしきもの）を作るのは，医学的に不可能ではありません。ただ，かなり大変です。有るものを切り取る（陰茎切除）のと，無いものを作り上げる（陰茎造設）のでは，無いものを作り上げる方がずっと難しい。だから多くのトランス男性はペニス形成は諦めています。その結果として，男子トイレや男子更衣室には入れても，おそらく温泉や銭湯で男湯には入れない。その体で男湯に入ったら，男たちの好奇と卑猥の視線にさらされるだけだから。不公平といえば不公平なのだけど，今の医学のレベルではどうしようもありません。

　これまで，SRSはそんなに危険な手術ではないと

語ってきました。間違ってはいないはずです。わたし自身の経験はそうだったし，わたしが書いた診断書を持って手術を受けた多くのトランスジェンダーの人たちもそんなに危ない目には遭っていません。でも，ネットやメディアには「SRSでたいへんな目に遭った」というような体験談が時おり紹介されます。「何事もなく平穏無事だったよ」という話より「たいへんだった」という話の方が注目を集めるから，そういう話が紹介されやすいという選択バイアスはあるとして，それにしてもそのような不幸な事例があることは事実でしょう。

　どうしてそんな不幸な事例が生じるのか？　2つの理由が考えられます。

　まず，不可抗力というべき事態。SRSに限らずどんな手術でも，どれほど熟練した術者がどれほど入念に執刀しても，まれに，100人に1人とか2人とか，術後の経過が思わしくないケースがあり得ます。本人の体質の問題なのか，ほかのどんな原因があるのか，確定はできません。ともかく，不幸な事例としか言いようがないケースです。

　もう一つは，術者の力不足。これには対策があります。ほかの条件が同じなら，手術の腕前は数をこなすほど上達するから，手術を受ける側としては，なるべく多くの症例を経験している熟練した医者を選ぶということになります。そしてこの点に関して，トランス女性のための

SRSとトランス男性のためのSRSでは事情が違っています。

　トランス女性のためのSRS，精巣・陰茎切除手術はほぼSRSでしか行なわれないでしょう。精巣ガンや陰茎ガンの治療として行なわれるケースもあるけど，これらのガン自体がかなり少ないガンだから。であるなら，SRSの症例の多い病院で，多くの症例を経験している医者，あるいはその医者のもとで十分な訓練を受けた医者を探す必要があります。

　トランス男性のためのSRS，乳房切除と子宮卵巣切除は，すでに述べたように，乳ガンや子宮ガンの治療のために広く行なわれています。乳ガン治療のための乳房切除とSRSのための乳房切除と，どちらが多いのか？　それに答える統計をわたしは探せなかったけど，推測でいいのなら，たぶん乳ガン治療のための乳房切除の方が多いだろうと思います。乳腺外科の方が形成外科（一般にSRSは形成外科で行なわれます）より，乳房切除に熟練しているのではないかな？

　だったら，SRSのための乳房切除も乳腺外科でやってもらう方がいいのか？　わたしはそう思います。もちろん，日本の現状にあってそれが難しいのは承知しています。そもそも，乳腺外科のドクターたちは忙しい。乳ガンの治療で手一杯なのかもしれません。でも……確かにガンの治療は命を救います。でも，SRSも本人の心

を救うのです。

　このセクションの最後に，もう一度トランス女性のためのSRSについて語ります。トランス女性のためのSRSも完全ではないのです。確かに体の外見は女性になりますが，中身は違います。子宮も卵巣もないのだから。

　子供がほしいという欲求は多くの人が持ち合わせているでしょう。肉体的に男に生まれながら女の心を持つトランス女性の人たちも，もし可能であるなら，そう願っている人は多い。自分の愛する人の子を妊娠し，出産し，育てたいという願い。女の心を持つ者にとっては自然な願い。でも，その願いが不可能であることも彼女たちは知っています。子宮，卵巣を持たない身として，愛する人の子を身ごもることはできないことを，彼女たちはよく分かっています。だから静かに諦める。

　まれに，諦めきれない人がいます。不可能な願いに身を焦がす人がいます。医者としてのわたしの仕事は，そんな人たちに不可能な願いを諦めるよう説得すること。人生は，可能性の範囲の中でしか展開できないのだから。説得しながら，でも彼女たちの気持ちを理解はできる。女の心を持っているのなら，愛する人の子を産み育てたいという欲求を抱くのは自然なことだと納得できます。ただ，女の心に似つかわしいその欲求が男の体という現実に拒絶される。いたましいと思います。

この文章を読んで，「何も悩むことはないだろう。子宮や卵巣はなくても，ペニスはあるんだから，女を妊娠させて自分の子供を産ませればいいじゃないか」などと言う人がいるなら，その人はトランス女性たち，男の体を持ちながら女の心を持つ人たちの気持ちをまったく分かっていない。トランス女性たちにとって自分のペニスは，自分が男であることを見せつける厭わしい器官なのです。それを女の膣に挿入し，射精し，女を妊娠させるというのは，典型的に男の行為（「雄の行為」と言う方がふさわしいかも）。本人にとってこれ以上ないほどに不愉快で不本意なことなのです。

　体（自然）が課す可能性の限界。それがある限り，生物学的な性（Sex）は意味を持ち続ける。ならば，それを医療技術で乗り越えられないか？　たとえば，子宮卵巣移植。適合するドナーがいれば可能かもしれないけど，適合するドナーを見つけるのがとても難しい。あるいは，将来的には，万能幹細胞から人工的に子宮や卵巣を作成できるようになるかもしれません。

　ただ，実を言えば，人工的な子宮卵巣の作成に関しては，わたしはためらいの気持ちを抱いています。人体改良をどこまで進めるのか，その限界を設定しなくてもいいのか，という疑問。ヒューマン・エンハンスメント，デザイナー・ベビー，人体のサイボーグ化などの言葉で語られるテーマ。外見を整えるために邪魔なものを切り

取ること（精巣切除や陰茎切除）は受け入れられるけど，そもそも存在しない臓器を埋め込み新たな機能を付加することには抵抗がある。中途半端かな？……そうかもしれないけど，わたしは今しばらくこの中途半端に留まりたい。ヒトを含む生物すべてを産み育ててきた自然に対してある程度の謙虚さを保っておきたいから。

　それは，子供を妊娠し出産したいというトランス女性の願いに対して，自然が課す可能性の限界の中で幸せな生き方を見つけてもらうよう説得するということだけど。

§7　性 ― もっと自然体で向き合えるように

　わたしが幼かった頃，日本の庶民は性におおらかで無頓着だったことは前にも書きました。そんな素朴な世界で，幼いわたしは道ばたで水浴びしていた。高度成長を経て日本が豊かになり「先進国」の仲間入りをするプロセスの中で，そんなおおらかさ，無頓着さは消えていきました。性にかかわることが「わいせつ」として隠されるようになり，タブー化されていく。

　性がこのようにわいせつ化されタブー化されると，性について自然体で語れなくなる。性にかかわる言葉，たとえば性器を示す言葉は，「花」とか「山」という言葉を語るのと同じような口調，同じ雰囲気でふだんの会話の中で語ることができなくなります。秘密の雰囲気の中

で，あるいは卑猥な空気の中でしか語れなくなります。

　こんなふうに性を，そして性について語ることを抑えつけて，ひずみやゆがみが生じないでしょうか？　生じます。たとえば，性犯罪被害をめぐって。

　性犯罪は奇妙な犯罪です。たいていの犯罪であれば，被害者は加害者を訴えるのをためらいはしません。「面倒くさい」と思うかもしれないけど，自分の被害を訴えることに後ろめたい気持ちはないでしょう。性犯罪はそうではありません。被害者は告発をためらいます。自分が被害に遭ったことを知られたくないと思います。他の犯罪であれば，加害者の方が自分の加害行為を知られたくないと思うのですが，性犯罪に限っては，被害者の方こそ，自分の被害を世間に知られたくないと思います。

　そう思うには，それなりの理由があります。他の犯罪であれば，世間は被害者に同情の視線を向けます。しかし，性犯罪の被害者に対しては，表面的には同情しながら，本心では冷ややかな，侮蔑とからかいのこもった視線を投げます。おおっぴらに語るべきでない性のことを表だって語る者への侮蔑とからかい，さらには卑猥な視線さえ。それがさらに被害者を傷つける。

　性犯罪の被害者の多くは女性です。時には男性，とりわけ少年が被害者になることもある。そして，加害者はほとんど常に男性です。性犯罪被害者の口をふさぐ抑圧

78

は，ことさら女（と少年たち）に厳しく，男に甘い。それが性犯罪を助長することは，あるかもしれません。それなら，性のタブーや抑圧がなくなれば，性犯罪は減るのかな？　それはなんとも言えません。ただ，今より告発しやすくなるはず。それが抑止力となって，今より犯罪数も減ると期待していいのかな？　そうであってほしいと思います。

　性の抑圧とかタブーなどと語ると，
「今どき，性のタブーなど消滅している」
「性はもう十分に解放されている」
　などという議論を目にしますが，今でも多くの性犯罪被害者が，自分の被害を訴えることができず，心に深い傷を負わされている現実を見れば，まじめに反論するのが時間の無駄なくらいのばかげた議論です。
　それにしても，この30年あるいは50年くらい，「一面では」性の解放が進んだことは事実です。ただ，これが新たな抑圧というか強迫観念を生み出しています。「新たな」と書きましたが，昔からあった強迫観念が露骨に意識されるようになったと言う方が実態に近いかもしれません。
「セックスに強くなければ男じゃない」
「セックスで女をいかせるのが男の勲章」
　というような強迫観念。これは，強くなければ男じゃ

ない，力こそが男の勲章という，昔ながらの観念（マッチョ信仰とでも言えるでしょう）の一部をなすもので，性が抑圧されていた時にも，表向きの建前の裏側で語り継がれてきたことですが，近年の性の「解放」に伴って，表舞台に登場しました。

　女には，このマッチョ信仰の裏返しのように，
「セックスでいく（いかされる）のが本物の女」

　という強迫観念が押し付けられます。

　強迫観念は恐怖症を発生させます。性に関するこの強迫観念は，男には不能恐怖症（性不能だったらどうしようという恐怖），女には不感症恐怖症（感じなかったらどうしようという恐怖）を引き起こしています。これはこれで，性の抑圧とは方向が違うけど，性に束縛されている状態です。女にとっては二重に束縛されている状態かもしれません。感じなければ「不感症」と非難され，感じれば「淫乱」と罵られる。

　セックスは人生の楽しみではあります。だけど，人生の唯一の楽しみではないし，最高の楽しみでもないでしょう（多くの人にとって）。仮にセックスを楽しめなくても，人生にはほかにも楽しいことはたくさんあります。

　女をいかせることだけが男の値打ちではないし，セックスでいくことだけが女の真価でもない。

　性をわいせつと拒絶してタブー化するのも性に束縛さ

れた状態だけど，性を楽しめないと人間として失格など
と思い詰めるのもまた性に束縛された状態です。そんな
束縛から抜け出して，もっと自然体で性に向き合えばい
いのに。

　性も美食（グルメ）と同じようなものと考えればいい
のかも。美食は人生の楽しみの一つです。だけど人生の
唯一の楽しみではないし，最高の楽しみでもない。美食
が好きだからといって，あるいは，美食に興味がないか
らといって，非難されることもないし称賛されることも
ない。美食にはぜんぜん興味がない人もいれば，美食こ
そ我が人生という人もいる。この両極端の間に，それぞ
れの程度に美食を愛する多くの人がいるのでしょう。

　性もそれと同じでよいはず。性にぜんぜん興味がない
人もいれば，性の悦びこそ我が人生という人もいる。こ
の両極端の間に，それぞれの程度に性を愛し楽しむ多く
の人がいる，これで何の問題もない，と思う。

　性が人生を豊かにするものなら，その豊かさをためら
わず手に入れればいい。興味がないならかかわらなけれ
ばいい。それだけのこと。

第2章：診察室から見えるもの

　この章では，ふだんクリニックで患者さんたちと接する中で思い浮かぶことをあれこれ，徒然なるままに書き綴ります。

§1　淡い交わり

「君子の交わりの淡きこと水のごとし」

　『荘子』に由来するらしいこの言葉を知ったのは中学生の頃。原典でどのような意味で使われているのかは知らないまま，好きになりました。もともと人間関係が苦手で，とりわけ「濃い」「熱い」人間関係，時として「男の友情」という言葉で語られる人間関係は息苦しかったから，淡い交わりが君子の交わりと褒められているのを知ってうれしかったのでしょう。

　それから30年ほどの歳月を経て医者になり，精神科の仕事を何年も続ける中で，この言葉は新たな意義をわたしに指し示してくれるようになりました。濃密すぎる人間関係に苦しむ人，他者への熱すぎる思いのために自分の心を見失う人，他者から寄せられる熱い思いの重みに押しつぶされる人，そんな人たちが入れ替わり立ち替

わりわたしの前に現れるから。何度,「君子の交わりの淡きこと水のごとし」と心の中でつぶやいたでしょう。もちろん,声に出して相手に語ることもあります。

一　親切

　人に親切であるのは,良いことです。ただ,あまり大きな親切はかけない方がいい。「大きな」親切というのはどの程度の親切かといえば,自分の何かを犠牲にするような親切,これだけのことをしたのだから相手も何かお返しをしてくれていいだろうという期待を自分の心に芽生えさせるような親切。

　もちろん,どんなに小さな親切でも,多少の手間ひまを取らせるから,たとえば,道を尋ねられて教えてあげるのにも多少の手間ひまはかかるから,犠牲がゼロではないけど,その犠牲は「人のためになることをしてあげて良かった」という自分の満足感で相殺される程度の犠牲である方がいい。それを超える犠牲を払う親切は,最初はそんなつもりでなかったにしても,相手からの見返りを期待させる気持ちを引き起こしてしまう。ほんとうに優れた人格者,聖人君子のような人であれば,そんな気持ちなど生まれないかもしれないけど,ごく普通の凡人の心にはそんな期待が生まれてしまう。そして,その期待は満たされないことが多いから,結局のところ,欲求不満がくすぶってしまう。それは自分にとっては不幸

だし，相手にとっては迷惑でしょう。

　親切にされた側としては，あとから見返りを求められるくらいなら，最初からGive and takeのビジネスとして「これだけのことをしてあげるから，これだけのことをしてほしい」とか，「これだけ払ってくれれば，これだけのことをします」と提案される方がよほどすっきりとして，気分がいいかも。

　親切心は，たとえば，歩道の段差で困っている車椅子の人を見かけて，そっと後ろから押してあげるくらいの親切。何の見返りも求めず，「ああ，わたしは人助けができて良かったな」と心がホコホコすることで満足できるくらいの親切がほどよいのかも。

－　分かり合うこと

　お互いのことが分かり合えるのはうれしいです。自分がなぜこれをするのか（あるいは，これをしないのか），相手がなぜそれをするのか（あるいは，それをしないのか），お互いに分かり合えている関係は心地よい。それが親しい関係，親友というものかもしれません。でも，時には，どれほど親しい相手でも，分かり合えないことがあります。

　自分の親しい人の行動を理解できない時，「なんで？」と問うのはごく自然な心の動きです。そう問い掛ければ，相手はきちんと答えてくれるでしょう（それで

こそ親しい関係なのです)。その答えで納得できれば，めでたしめでたしです。もし，納得できないなら，「それはまたどうして？」と問い掛ける。その問い掛けにも相手はきちんと答えてくれるでしょう（たぶん）。でも，その答えにもまだ納得できないなら？……親しい人であればこそ，その人のことを理解したいと思い，問いを重ねるかもしれない。でも，そうやって問いを重ねていくうちに，いつの間にか詰問口調になってしまう。「なんでそんなことするの！」というぐあいに。それは，お互いにとって残念なこと。

「なんで？」という質問に「こうだから」という答えが返ってきて，それにもまだ納得できないで「それはどうして？」と問い返して，その答えにもまだ納得できない……この問答が2〜3往復して，それでも納得できないなら，それ以上の追及は諦める方が，たぶんお互いのためなのです。どれほど親しい間柄であっても，理解し合えないことはある。これもまた人生の真理なのだから。その時，相手の心の奥底に土足で踏み込むべきではない。

逆の立場からも同じことが言えます。自分のことを分かってほしい，自分の行動を納得してほしいというのは自然な感情でしょう。でも，説明しても納得してもらえないことがある。その時は，新たな説明を考える。それでもダメならまた別の説明……。そのうちに「なんで分かってくれないの！」と怒りを覚えるようになる。それ

は，お互いにとって残念です。そんな時は熱くならずに，冷静になって，たとえ無二の親友でも分かり合えないこともあると引き下がる方が，お互いにとって幸せでしょう。誰かを100％理解することは，そもそも不可能なこと。たとえ100％理解し合えなくても，人は親しく付き合える。

　ちなみに，「なんでそんなことするの？」という問いが純粋な質問ではなく，批判的なアドバイスであることもあります。その行動をやめさせようとする気持ちからそんなふうに問い掛ける。それは知人，友人として誠実な態度かもしれないけど，何度か問い掛けて，それでも相手の決意が固いなら，それ以上の追及は控える方がいい。結果として，その人が目的を達成できたなら，心から祝福すればいい。失敗したら，できる範囲で手をさしのべればいい。

§2　Honesty is the best policy（正直は最善の策）

一　小さな世界の作り方

　インターネットニュースの『恋愛指南』みたいな記事の中に，
「女であれ男であれ，恋の駆け引きの場面では，Yesは必ずしもYesでなく，Noは必ずしもNoでない」

という文章がありました。確かにそうかもしれません
けど，「Yesは必ずしもYesでなく，Noは必ずしもNo
でない」とは，恋はなんとも面倒くさいものですね。恋
をしたければこの面倒を引き受けないといけない。面倒
くさいことがいやなら……それなら，恋をしなければい
い。単純明快な解決策です。恋も恋人も人生の必需品で
はないのだから。

　ただ困ったことに，「Yesは必ずしもYesでなく，No
は必ずしもNoでない」のは恋の場面に限ったことでは
ないのです。とりわけ日本では，一般的な人間関係に
あってもYes／Noをきっぱり明瞭に態度表明すること
が嫌われ，あいまいさを残しておく方が好まれる。だか
ら返事をする時にはあまり明瞭な言い方を避けるべきだ
し，返事をもらった側は「このNoはほんとうにNoな
のか？　それとも実はYesを含んでいるのか」と余計な
気を回さないといけません。実に面倒くさいし，気疲れ
します。何とかならないものか？……

　何とかなります。実に簡単な方法があります。ほかの
人はいざ知らず，わたしは，YesはYes，NoはNoと
きっぱり語る。そして，人の言葉も文字どおりに，Yes
はYes，NoはNoと受け止めて対応する。これだけのこ
とです。

　そんなことして嫌われないか？

　まあ，嫌われることもあるし，「空気を読めない奴

だ」とバカにされることもあります。でも，それでかまわないんです。だからと言って，死ぬわけじゃない。ちゃんと生きていけます。やがて，言葉の綾を分からない人間や空気を読めない奴（わたしのことです）を嫌う人たちは，わたしの周囲から去って行くでしょう。わたしの周りに残った人たちは，わたしのことを「あいつは空気を読めない奴で，あいつがYesと言ったらYes，Noと言ったらNoなんだ」と認識するようになります。さらにありがたいことに，YesはYes，NoはNoという単純な対応を好ましいと思う人たちが1人，2人と集まってくる（類は友を呼ぶ）。いつの間にかわたしの周りに，YesはYes，NoはNoで通じる小さな世界が作られる。すばらしいことですね。

　このすばらしき小世界を作るのに何年くらいかかるか？　わたしの場合，意図的にそのように振る舞っていたわけではなくて，幼い頃から自然にそう振る舞っていて，いつの間にか自分の周りにそんな世界ができていたのです。

　子供の頃は，自分が世界の中心みたいに思って生きているから，ほかの人たちもわたしと同じだろうと思っていました。少し成長すると，わたしの方が実はかなり変な人で，たいていの人たちは言葉を言葉どおり受け取らず，互いに相手の言葉の裏を読み合って生きているのだと知りました。「それはなんともご苦労なこと」と思っ

たけど，世界の大勢がそうであるなら仕方ない。わたしは自分の周りの小さな世界で生きていけばいい。

　やがてもっと成長すると，さらに不思議なことに出会いました。実は，この世界にわたしと同じように，言葉を言葉どおり受け取らず，互いに相手の言葉の裏を読み合って生きるのに適応できない人たちも，意外にたくさんいることを知りました。わたしにとって不思議なのは，そんな人たちの多くが，自分を偽って生きていること。つまり，ほんとうは言葉の裏を読み合うような生き方は嫌いなのに，世間に向けては逆の顔をして，世間のルールに従い，空気を読んで生きていること。当然，その人の周りの人たちはその人のことを，自分たちの同類と認識して，空気を読むことを求め，言葉の裏を読むことを求める。それが当人にとって大きなストレスになる。

　そんなケースに初めて出会った時の率直な感想は「なんと愚かなこと」でした。自分を偽って生きることで自分を苦しめている，それなら自分に正直に生きれば楽じゃない，なぜそうしないの？

　やがて精神科医になってからは，「なんと愚かなこと」と言って済ませていられない立場になりました。そんな人たちがたくさんいるんです。ほかの精神科医もそうなのかな？　それとも，わたしの周りに例外的にこの種の人たちが集まるのかな？……ひょっとしたらそうかもしれないと思うようになりました。ひょっとしたら，

この人たちはわたしの生き方に心惹かれてわたしを主治医に選んだのかも。

　仮にそうだとしても，わたしに特別なことができるわけではありません。結局「自分を偽らず，正直に生きなさい。それが一番楽で，幸せな生き方だから」とアドバイスするだけです。もちろん，その人たちはすぐには決心できません。そんなアドバイスを聞いてすぐに決心できるくらいなら，精神科医を受診しない。だけどわたしとしても魔法を使えるわけではないから，同じアドバイスを手を替え品を替えて繰り返すしか能がありません。そんな繰り返しの中で，彼女たちの口から，今現在の人間関係が壊れること，今現在の友人たちが去って行くことへの不安，恐怖が語られることもあります。その時には，

「孤立を恐れなくていい。友情や友人は人生の必需品ではないのだから」

　と語り，

「いずれ，あなたの周りに小さな世界が作られるから」

　と言い添えます。ちょっと格好を付けて，「徳は孤ならず」という『論語』の言葉を付け加えることもあります。

一　マイナスサムゲーム

　ゼロサムゲーム（Zero sum game）という言葉があります。自分が100円得したら，相手が100円損する。自

分がいい気分になれば，相手がいやな気分になる。あるいは，自分が我慢すれば，相手が幸せになる。合計（sum）は差し引きゼロ，そんな状況を指す言葉です。それに対してマイナスサムゲームというのは，わたしが作った言葉で，合計がゼロになるどころか，マイナスになる，自分が我慢することで相手が幸せになるどころか，相手も不幸になる，そんな状況を指す言葉です。そんなバカなことがあるのかと思うかもしれませんが，精神科の仕事をしていると，そんな状況にも出くわします。

　とても単純な例で説明しましょう。テーブルにリンゴと柿が載っています。わたしはリンゴが好きなのだけど，相手もきっとリンゴが好きだろうと思って，相手にリンゴを譲ってわたしは柿を取りました。でも，本当は相手は柿が好きだった！　わたしが素直に自分の好きなものを取っていれば，相手も自分の好きな柿を食べれたのに。

　もう少し複雑な例；わたしは明日は一人でゆっくり本を読んでいたいと思っているけど，恋人を放っておくのは悪いと思って，デートに誘った。恋人も実は明日は一人で好きなビデオを見ていたいと思っていたのだけど，わたしの誘いを断るのは悪いと思ってデートに応じた。結局，二人ともしたくもないデートをするはめになった。こんなバカなことを避けるには，わたしが恋人に「明日は一人でいたい」と素直に自分の欲求を話すか，恋人が「悪いけど明日はビデオを見ていたいの」と率直に自分

の気持ちを伝えればいい。お互いに遠慮し合って，自分も相手も不幸にしてしまう。

　話を単純にするために二人だけのケースにしましたが，もちろんもっと大人数でも似たようなことは起こります。精神科を受診する人の話を聞いていると，人生の悩みの半分はこの種のマイナスサムゲームがからんでいるのではないかとさえ思えます。それを避けるのはとても簡単なはず。自分の希望を素直に言えばいいのです。それで相手の希望とぶつかったら，冷静に話し合えばいい。まあ，リンゴにするか柿にするか，くらいなら話し合うほどのこともなくジャンケンで決めればいいことだけど，わたしは一人でいたい，彼女はデートしたいという時には，明日どうするか冷静に話し合えばよいこと。確かに，ちょっと手間がかかるけど，マイナスサムゲームを演じるよりはずっと賢い選択のはずです。

§3　したいこと，したくないこと

―　挙証責任

　挙証責任という法律用語があります。証拠を挙げて相手を説得する責任という意味です。この法律用語に出会ったのは，法律学の本ではなくて，内田義彦の『社会認識の歩み』という社会思想史の本です。この本の中で著者は，絶対主義を擁護したとして悪名高いホッブスを

弁護しています。ホッブスは「国家は何のために必要か」という問いを立て，それに答えるために人間の「自然状態」，有名な「万民の万民に対する戦い」という状態を想定し，その破滅的な状況から抜け出すために国家が作られたという説明をしている。そこから絶対主義国家の擁護へと議論は発展するのだけど，内田義彦はそもそも「国家は何のために必要か」という問いを立てたのを画期的なこととして高く評価し，「挙証責任の転換が生じたのです」と述べている。

　どういうことかと言えば，国家とか権力とか支配者の存在を当然のこととして，人間の側が「わたしはかくかくしかじかの役に立つのでこの国に生きている資格があるのです」と生存の理由を述べるのではなくて，人間の生存を当然のこととして，国家の側が「国家は人間のためにかくかくしかじかの役に立つから存在する意義がある」と自分の存在理由を述べる立場に立たされた。ホッブス以後，これが社会思想の常識となる。人間ではなく国家の方が挙証責任を負うことになったわけです。

　もっとも，わたしが挙証責任という言葉と，それをめぐる内田義彦の議論を読んで最初に思い浮かべたのは，そんな壮大で崇高なことではなく，もっとずっと卑近で日常生活にかかわることでした。挙証責任の転換という発想，どっちが挙証責任を負うべきかという視点は，日頃の議論，口論，口げんかに適用できると思いついたの

です。

　人間にかかわることは数学や物理学とは違って，確実な証明が難しい。ということは，挙証責任を負う側が不利だということです。議論が巧みな人，口げんかが強い人は，じょうずに相手に挙証責任を負わせているんじゃないか？　だとしたら，「これは自分が挙証責任を負うべきなのか？」と自問する冷静さを常に持ち合わせていれば，そんな人にも言い負かされないんじゃないか，ということです。議論や口げんかというほどではなくても，ふだんの会話の中でも，相手を説得しようとすると自分が挙証責任を負ってしまい，みすみす不利な状況に自分で自分を追い込んでしまうことがあります。

　たとえば，友人から市民マラソンに誘われた。したくなければ「行きたくない」とか「無理」と答えればそれで済むのだけど，「なぜ？」と問い返されて，相手が納得しそうな理由を述べ始めると挙証責任の罠に落ちる。
「だって，40キロも走る体力はないよ」
「だったら，10キロコースとか5キロコースもあるよ」
「5キロも走り続けられない」
「疲れたら途中で歩いてもいいんだよ」
　この辺からだんだん旗色が悪くなる。
「でも，紫外線を浴びるのも体に良くないそうだし」
「日焼け止めクリームを塗っておけば大丈夫」
　結局，友人を納得させることができなくて，したくも

ないマラソンに参加することになってしまう。そして，断り切れなかった自分のふがいなさが情けなくなる。

　マラソンくらいなら，さほどの実害はないかもしれませんが，高額の商品やサービスのセールストークに負けることもあります。余計なことを言わずただ「要らない」とだけ言って断るのが最善の策なのですが，なんとなく理由をきちんと説明し，セールスマンを納得させたくなると，相手の思うつぼです。

「我が家に金目の物なんかないから，防犯セキュリティシステムなんか要らないよ」

「命という一番大切なものがあるでしょう」

「命を狙われるようなことはしていないよ」

「人というのは，思いも寄らぬところで恨みを買っていることもあるんですよ。油断大敵です」

「でも，ちゃんと戸締まりしているから」

「マンションのドアのロックなんて，プロなら5分で開けますよ」

　みたいな話になって，契約書にハンコを押してしまう。

　なんでこんなことになったのか？　相手を納得させようとしたからです。相手を納得させようとした瞬間，立場が入れ替わる。ほんとうは，自分が納得しなければ断れるはずだったのに，いつの間にか，相手が納得しないと断れない雰囲気になってしまう。手慣れたセールスマンはこの辺の事情をよく分かっていて，巧みにこういう

状況を誘導します。

　まあ，笑い話みたいだけど，人がこんなにやすやすと挙証責任の罠に落ちるのは，相手を納得させたいという欲求が人の心に深く根付いているからでしょう。「いやだ」とむげに断るより，相手も納得の上で断りたいという欲求，見方を変えれば「いい人」と思われたい欲求。あるいは，相手の言い分を論破したい，相手を言い負かしたいという闘争心。でも，時としてその欲求や闘争心に足をすくわれる。

　そして，少なくとも日本においては，もう一つの理由を思いつきます。「人間は基本的に自由である。自分の時間や自分のお金をどのように使おうと自分の自由であって，ほかの誰かの承諾，納得を得る必要はない」という発想が根付いていないからかもしれない。この発想が根付いていれば，自分の時間やお金について「こんなふうに使うといかがですか？」と提案する相手側が自分を納得させないといけない立場にある（挙証責任を負っている），納得しなければ自分はあっさり拒否してよい，その際に相手を納得させる必要はないことはすぐに分かることだけど，この発想，「自分は自由なのだ」という発想を忘れてしまう人が多いのかもしれません。

―　できない理由を探すバカ

　似たような話に，「できない理由を探すバカ」という

ものがあります。

　この言葉に出会ったのは，あるインターネットニュースの記事。そのタイトルとして使われていました。その記事の内容は，「できない理由を探す暇があったら，その時間にやれることをやれ」というごくありふれた意見に過ぎなかったけど，この言葉そのものは，そんな手垢にまみれたようなアドバイスを超えた味わいがあります。

　世の中には，数え切れないほどの仕事，活動があって，そのほとんどは，わたしにはできない，あるいはしたいと思わないことです。たとえば，42.195kmのフルマラソンなど，わたしにできるわけはないし，やろうとも思いません。心臓の弁置換手術も，わたしにはできないし，敢えてチャレンジしようとも思いません。いろんな高級レストランのサーロインステーキを食べ比べて味の違いを判定するなんてことも，できもしないし，やりたくもない。その他もろもろ，この広い世界のどこかで誰かがやっているはずの仕事や活動の99％以上は，わたしにできないこと，わたしがやりたいと思わないこと。

　それらのことについて一々，できない理由を探求し，やりたくない理由を説明していては，それだけで一生が終わってしまう。まさに「できない理由を探すバカ」になってしまいます。そんな探求や説明に血道を上げないで，自分にできること，自分がやりたいことに打ち込めばいいのです。それが賢い生き方のはず。もちろん，第

1章でちょっと触れた他者危害原則の範囲内ではあるけど。他者に危害を与えない範囲でなら，誰から何を言われようと，やりたいことをやっていい。

　でも人は，周りから「なぜできないの？」，「なんでやろうとしないの？」と質問（詰問？）されると，つい「それは……だから」と説明し，承認を求めたくなる。まあ，理解されたい，承認されたいというのは人間の基本的な欲求だと言われているから（でも，ほんとうにそうなのかな？），その欲求をすべて切り捨てるのは味気ないでしょう。でも，その欲求に無自覚に流されていては，「できない理由を探すバカ」になってしまうかもしれません。適度なバランスが必要ですね。どの辺が「適度」であるかは，人によってさまざまです。わたしだったら，「なぜできないの？」，「なんでやろうとしないの？」などとうるさく付きまとう人はさっさと切り捨てて，付き合いを謝絶してもいいと思う（メールなら受信拒否）。

　ずいぶん極端な意見だと思われるかもしれないけど，自分の生き方は自分一人で決めていいのであって，誰かの理解，納得，承諾を得る必要はないということ。誰か，たとえば親や教師，配偶者や知人・友人の理解や納得を得なければ自分のやりたいことができないと思い込んでいたら，自分の人生の可能性を無駄に狭めてしまいます。誰に理解されなくても，納得されなくても，やりたいことはやっていい。

一 Noと言うこと

　人から何か頼まれた時，できないことは「できない」と断る，人から何か質問された時，知らないこと／分からないことは「知らない／分からない」と答えるのは，当たり前のことだけど，意外と難しい。ついつい，できもしないことを安請け合いしたり，知らないことについて生半可な知識を振り回したりします。自分の能力／知識の限界をわきまえて，できることはきちんと仕上げ，できないことは率直に「できない」と答えることができれば，それだけで「すばらしい」と褒めたいくらいです。

　ところで，安請け合いしたり，生半可な知識を振り回したりする人にもいくつかタイプがあります。

　タイプA：自分にはできない，自分は知らないということを自覚していながら，見栄や意地を張って，「できる」，「知ってる」と言ってしまうタイプ。

　タイプB：自分にはできない，自分は知らないということを自覚していないために（ソクラテス風に言えば「無知の無知」），できると思って「できる」と答える（でも結果としては，できない），知っているつもりで不確かな／間違った知識を披露してしまうタイプ。

　この2つのタイプもそれぞれに問題があるのだけど，わたしが診療室でよく出くわすのは，もう1つのタイプ。

　見栄や意地のためでなく，無知の無知のためでもなく，相手の気持ちを傷つけたくないという配慮のために，あ

るいは，厳しい言い方をすれば，断る勇気を持っていないために，できないと分かっていながら引き受けてしまうタイプです。この人たちは，できないことを引き受けることで，相手に迷惑をかける前に，自分自身が潰れてしまう。同情はするけど，同情しているだけでは治療にならないから，厳しいことも言います。

　基本は，「エゴイストになりなさい。人のことを心配する前に自分のことを心配しなさい」ということだけど，これが意外と難しい。自分のことより相手のことを優先する心の習慣がしっかり根を張っているから。しかも，たいていの場合，この習慣の奥底に根深い不安や恐怖があるようです。「Noと言ったら，嫌われないか，見捨てられないか」という不安／恐怖。

　それと，自分に頼ってきた相手を突き放すことが，相手への加害行為であるように思い込んでしまう心理もあります。困ったことに，こういう人たちの周りには，この心理につけこんで（頼まれればNoと言えないことを見透かして），自分の頼みを押し付ける「友人」（「毒友」と言ってもいい）が寄ってくる。

　この文章を読んでいる人の中にも思い当たる節のある人はいるでしょう。ではどうするか，これを語り始めると，精神療法のすべてを語ることになりそうなので，やめておきますが，基本の基本を言えば，その人の心に「自分は守る値打ちのある人間なのだ」という確信を芽

生えさせること。そういう人たちの心の奥底には、「自分には，人の願いを無視してまで自分のために生きるほどの価値はないんだ」という思いが潜んでいることが多いから。

§4　心へのブレーキ

一　恐怖と不安

「動物に心はあると思う？」と問われると，多くの人は身近にいる動物（猫や犬）を思い浮かべて，「ありそう」と答えるでしょう。猫や犬は動物の中でも進化の段階の進んだ哺乳類だけど，もうちょっと低レベルの魚類や両生類はどうでしょう？
「カエルに心はあると思う？」

　と問われたら，どう答えますか？

　動物の進化の歴史をたどりながら，その中で心がどのようにして生まれ，発達していったのかを研究する進化心理学という分野があるのですが，その研究によれば，カエルのような両生類や亀のような爬虫類にも心というか感情はあるらしい。とりわけ不安とか恐怖という感情。なぜなら，それは生き延びるのに役立つから。

　蛇を見て反射的に『怖い』と感じて逃げ出すカエルと，蛇を見ても平気でいるカエル，どっちが生き延びやすいか？　普通に考えて『怖い』と感じるカエルの方でしょ

う。生存に有利だから恐怖という感情が動物の脳に生まれ、維持された。やがて鳥類くらいになると、恐怖だけじゃなく喜びや愛着といった感情も生まれたと推測されています。雛を愛し丹念に育てる親鳥の方がそうでない親鳥より自分の子孫を残しやすいですからね。

　とまあ、こんな具合でいろんな感情が生き物の脳に生まれ定着していったプロセスを進化論の立場から探るのが進化心理学。なかなかおもしろいです。そして、時には役に立つ。たとえば、不安や恐怖は喜びや幸福感より古くからある奥深い本能的な感情だということを知ると、わたしたちに物やサービスを売りつけようとするマーケティングの手口が見えてきます。幸福感よりも不安をあおる広告の方が人の心に突き刺さる。

「○○すれば（○○を買えば）幸せになる」

　という広告より、

「○○しないと（○○を買わないと）不幸になる」

　というタイプの広告の方が見る人を引き付けます。

「知らないの？　みんな○○してますよ」とか「もちろん、○○してますよね」なども同じ系統の不安をあおる広告です。

　もう少し手の込んだ方法は、「きれいでないと幸せになれない」という強迫観念を植え付けた上で、「○○すれば美しくなれる」という美容外科やエステサロンなどの広告。あるいは、「流行遅れ＝負け組」という観念で

洗脳した上で，「これが最新のモードです」という
ファッション業界の広告。一見，幸福を売るようで，実
は潜在的な不安をあおる方法です。この手口を活用する
業界をわたしは「不安産業」と名付けています。

　テレビを見ていればこの種の不安産業のコマーシャル
が絶えず流れているし，ネットでもこの種の広告に事欠
かない。まじめに付き合っていると，本当に不安神経症
になりそうです。それを避けるには，テレビも見ない，
ネットにも接続しないのが一番だけど，そうすると「最
新の情報に乗り遅れると落ちこぼれる」という不安が
追っかけてくる。厄介なものです。

　こういう不安産業の戦略に乗せられないために，進化
心理学の基礎知識が役立つかも。不安をあおるような広
告に出会ったら「あっ，今わたしの原始的な感情（カエ
ルの感情と呼んでもいい）を刺激しようとしている」と
突き放してみるといいですよ。

一　強迫観念：ただそれだけを

　不安と並んで広告宣伝で活用されるのは，強迫観念か
も。

　何か一つのことに気を取られると，ほかのことに目が
行かなくなり，ただそれだけを追求するという心理は，
ヒトが（あるいは生物全般が）生き延びる上で役に立つ
場面もあります。でも，それが暴走すると強迫症という

立派な病気になります。たとえば、健康強迫症……。

　医者のわたしがこんなことを言うのは奇妙に思えるかもしれませんが、健康は人生の目的ではありません。充実した人生を送るための手段（の一つ）です。病気で伏せっていては好きなこともできないし、若死にしたらやりたいこともできないままで人生が終わってしまうから、健康である方がいいでしょう。だけど、健康を保つために人生の時間と可処分所得のすべてとは言わないまでもかなりの部分を費やすのは、わたしにはちょっと奇妙に思えます。食品やサプリメントやエクササイズなど、「健康に良い」という宣伝がどこまで信用できるのかという問題はさておいて（本当は、さておけない重大な問題ですが）、それらが本当に健康に良いとしても、それらすべてをやってみないと気が済まないとしたら、それは立派な健康強迫症だとわたしは診断します。

　そもそも、人生の楽しみの中には健康に悪いものも多いのです。グルメ、酒、タバコ、激しい運動……。健康のために、これらの楽しみをすべて諦めるとしたら、手段と目的を取り違えていませんか？　バランス感覚が大事なんですね。人生を楽しむために健康への悪影響をどの程度許容するか、そして、人生の楽しみを長く味わうために（健康寿命を延ばすために）人生の楽しみをどの程度制限するか、そのバランス。過ぎたるは及ばざるがごとし。

ただ，困ったことに，このバランス感覚を壊すような
マーケティングが世にはびこっている。何か一つのこと
に夢中にさせ，それにお金を使わせようとするマーケ
ティング。そしてまた困ったことに，人の心にはそんな
マーケティングに応じるような性向が潜んでいる。一つ
の目的のためだけに暴走しかねない心のありよう。プラ
スの意味でなら集中力。マイナスの意味なら視野狭窄。
そんな野性の心を手なずけるために，そんな心がどのよ
うにして生まれたのか，どんな場面では有益で，どんな
場面では有害になるのか，冷静に客観的に突き放して観
察する態度が役に立つかも。役に立ってほしいです。

一　小さな悪

　うちの近くにある昔ながらの喫茶店。喫煙可のお店な
ので，コーヒーを飲んでいるとほのかにタバコの匂いが
漂ってきます。この匂い，嫌いじゃありません。真正面
から煙を吹きかけられるのはいやだけど，ほのかに匂う
のは好きです。

　医者としては健康のために禁煙を説くべきなのでしょ
う。愛煙家の中にはタバコの害そのものを否定しようと
する人がいるけど，それは無理というもので，タバコの
害を実証する統計的あるいは実験的なデータは山ほどあ
る。念のために列挙しましょうか。肺ガンだけではあり
ません。ほぼすべてのガンが喫煙によって発症率が上が

ります。ガンと同様に重大なのは，動脈硬化を経由して脳梗塞や心筋梗塞に至るリスクを高めることです。脳梗塞，心筋梗塞は死亡の原因になるだけではありません。痴呆と寝たきりの重要な原因でもあります。タバコが体に悪いことは間違いないから，わたしも機会があれば患者さんに禁煙を勧めます。だけど，魔女狩りのように喫煙者を糾弾しようとは思いません。

　もう一歩突っ込んで言えば，そもそも体に悪いことに限らず，悪事はすべてこの世から追放すべきなのか？

　もちろん，ぜんそく患者のそばでタバコをふかしたり，乳飲み子を抱いた母親の目の前でタバコを吸ったり，路上に吸い殻を投げ捨てたりする無神経な喫煙者は，わたしも非難したいけど，そしてそんな無神経な喫煙者に事欠かないのは事実だけど，喫茶店の片隅でタバコを吸うくらいのことに目くじら立てる必要もないと思うのですよ。

　もう何十年も前のことだけど，司馬遼太郎があるテレビ番組で「こそ泥や寸借詐欺のような小悪党は世間の賑わいです」と語っていた。これは，「支配者が為す（為し得る）巨大な悪を見逃すべきではない」という議論の中で語られたことで，決して小さな悪事を黙認するものではないし，小さな悪事にもそれに応じた小さな罰を科すべきことを当然とした上での話なのだけど，巨悪だけでなく小悪までもいっさいがっさいこの世から消し去る

ことは不可能なのであり，消し去ることが不可能である
なら，それを目にしても一々いきり立たず余裕を持って
対応しようという，冷静で成熟した認識であっただろう
と，今にして思います。

　戦争や飢餓といった巨大な悪は，この世からなくなる
ことを願うべきです。だけど，こと細かな小悪事まで一
切を消し去ろうとしたら，そこに出現するのは息が詰ま
るような管理社会あるいは相互監視社会ではないのか
……杞憂かな？　杞憂であってくれればいいけど，部下
のささいなミスも許さずに人格を否定するような罵声を
浴びせる上司や，店の小さな手違いにも声を荒らげて抗
議し謝罪を求めるお客，こんな今の日本の風潮を見てい
ると，「杞憂だよ」と気安く言い切れません。

　話がいささか大きく，かつ深刻になりました。タバコ
に話を戻せば，わたしも時々患者さんから禁煙の相談を
受けます。わたしも医者の端くれとして，禁煙するに越
したことはないと思うから，できる範囲で手助けします。
それからしばらくして「やっぱりだめでした」と言って
くる人もいる。その時，「それは残念だったねえ」くら
いのことは言います。そして，1年か2年くらいして，
もう一度切り出すことはある。だけど，禁煙に失敗した
からといって，その人を責めようとは思わないし，まし
て道徳的・人格的な非難を浴びせたりはしない。

§5　心の支え

一　小さなもの

　わたしはお酒も飲まないし，グルメにもあまり興味がない。こんなことを話すと「何が楽しくて生きてるの？」などと冗談半分に（残り半分は本気で）言われることがあります。ご心配なく，生きる楽しみはいろいろあります。

　たとえば，晴れた日の夕方，きれいな夕焼け空を眺めている時。東京の街中，地平線や山並みは見えないけど，ビルの稜線の向こうの空が明るいオレンジ色から暗い茜色に移っていくのを，そして日によっては細い三日月や明るい宵の明星が輝き出すのを眺めている時。

　たとえば，道を歩いていて，ふと名もない小さな花……いや名前はあるんですね。名前はあるけど，わたしがその名前を知らない花が舗装の隙間から可憐に咲いているのを見つけた時。たまには，そんな慎ましい花に蝶や蜂が戯れていることもある。

　なんとも，ささやかで慎ましい楽しみ，喜び。だけど，精神科の仕事に携わっていると，このような小さな楽しみを楽しみとして味わえることがどれほど恵まれたことであるか，痛切に感じます。抑うつに押し潰されて，あるいは何かにせき立てられて，夕焼け空の美しさや路傍の花の可憐さを感じとる「心のうぶ毛」を失った，ある

いはむしり取られた人がたくさんいるから。

　「夢と諦め」，患者さんを診ながらしばしば思い浮かべる言葉です。「夢」という言葉には，希望，憧れ，目標など，人生の励みとなる対象をひとまとめにする意味を込めています。人は生きている限り何かの希望を持ち，何かに憧れ，何かを目標としているものです。それが人生を支えているとも言えます。
　だけどこのような夢は二重の意味で諦めと背中合わせになっています。まず，何かに憧れ，手に入れようと努力する時，人はそれ以外の何かを諦めなければならないはずです。長い人生の中で，結果として両方が手に入ることもありますが，さしあたっては，これを手に入れるためにはあれを諦めなければなりません。そして，すべての憧れが叶うわけではありません。憧れが叶えられないと分かった時，人はそれを受け入れ，諦めなければなりません。この夢と諦めの微妙なバランス，それが壊れる時，人は心を病むようです。
　あれとこれと，両方への夢を捨て切れず，一方を諦めることができない時，人の心は悲鳴をあげるでしょう。努力しても夢が叶わないという現実に直面して，それでも夢を諦めきれない時，その夢にこだわり続け，その夢が叶わなければ自分の人生は無意味だと思い詰める時，人は自分で自分を不幸に追い込みます。

何事であれ諦めるのは辛いけど，その辛さを和らげて
くれるのは，身近にあるささやかな喜び。夕焼け空や路
傍の花が与えてくれる慎ましい幸せ。

一　大きなもの

そんなささやかなもので癒やされながら，わたしは
1960年代に物心つき，70年代に思春期を送った人間と
して，社会的な物事にも目を向け，理想を抱くこともあ
ります。それがまたわたしの心を守ってくれると語ると，
不思議に思われますか？

あの「政治の季節」とも「異議申し立ての文化」とも
呼ばれる時代にもそれなりの不幸があり，悲劇があり，
また喜劇もありました。それでも，若者が自分にだけで
なく広く社会に目を向けることができたのは，それがご
く自然なこととして行なえたのは，あの時代の若者に
とって幸せなことだったと，あれから50年ほども経過
した今この時代の20代，30代の人たちの姿を見るにつ
け，思い返されます。

今この時代，人は自分に視線を集中する。自分の幸せ，
自分の不幸，自分の心の傷，自分の評価（自分に対する
周りの評価）……。社会に目を向ける時も，自分の幸せ
を実現する手段を探るためか，でなければ，自分を傷つ
け不幸に陥れた社会への怨みを語るため。そんな態度を，
倫理的に批判するよりも，わたしはむしろ，「それはあ

なたを不幸につなぎ止める重い鎖になるだけだよ」と静かに語りかけたくなります。自分に視線を集中し，自分の心の傷を見つめ続けるより，自分のことを忘れるとは言わないまでも，自分のことから距離を置いて広く社会や世界や宇宙に目を向ける方が，心の傷は薄れていくのに。広い世界から，遠くにある視点から，自分のことを眺める方が，心は穏やかになっていくのに。

一　思い出
「幸せの思い出ほど人を不幸にするものはない」
　この言葉に共感する人は多いかもしれません。未来志向が貴ばれ，過去を振り返ることがマイナスの意味しかないように語られることの多い現代にあっては，幸せだった過去を振り返るのは今の（そして未来の）幸せを邪魔するだけと思われるかもしれません。でも，わたしは子供の頃にこれと反対の言葉に出会ったことがあります。正確には覚えていないけど，
「本当に幸せだった日々の思い出は，その後の一生を通してその人の心を支え，暖める」
　そんな言葉でした。
　わたしは，こちらの方に共感しました。こちらの方を信じた，いや信じたいと思いました。そして，今も信じています。
　わたしにとって「幸せの思い出」として真っ先に思い

浮かぶのは，16歳の年の5月から翌年3月まで，家出をしていた日々のこと。四畳半一間，キッチンもトイレも共同のアパートに暮らす貧しい日々だったけど，いろんな幸せの思い出が詰まっている。それらの幸せの思い出が，今のわたしを支え，暖めてくれているか？……正面切ってそう問われると，ちょっとひるむけど，たぶん，そうだと思います。あの1年足らずの日々だけでなく，もっと幼い頃の思い出や，大人になってからの思い出も含め，さまざまな幸せの思い出が，時々そっとわたしを支えてくれている，そう信じています。

「幸せの思い出ほど人を不幸にするものはない」

「本当に幸せだった日々の思い出は，その後の一生を通してその人の心を支え，暖める」

　どちらも，それぞれに人生の真実なのでしょう。そして，思い出がその後の人生を不幸にするか幸せにするか，その違いは，思い出そのものの違いだけでなく，どんな気持ちや態度で過去を振り返るのか，その点にもかかわっている。

　過去を振り返らず，未来だけ見つめる生き方は，わたしには貧しい人生に思えます。思い出の泉を涸らすのはもったいない。

§6 障害児の親になること

　わたしが精神科外来の勤務医をしていた頃，知的障害のある人が障害年金を受けるために必要な診断書を書いたことが何回かあります。もう大人になった我が子と一緒に来院する親もいれば（母親が多かったけど父親もいました），親だけが来るケースもありました。親たちは，涙も涸れてしまったような，泣くことさえ諦めたような表情の人が多かった。

　その親たちも，子供が生まれたばかりの頃は，

「どんな子供でも，生まれてくれてよかった」

　と思っていたのかもしれません。だけど，1年，3年，5年，10年，20年と月日が経ち，子供が大人になり，自分の老いを感じるようになる頃には，美しい言葉では済ませられない現実の不幸を何度も実感せざるを得なかったでしょう。障害を背負って生まれてきた子供の不幸と，そういう子供を持った自分自身の不幸。しかもさらに残酷なことは，この不幸をおおっぴらに語れないこと。語るのを許されないこと。

　障害児の親がメディアに登場する時，語るのを許されるのは，

「いろんな苦労があったけど，やっぱりこの子がいてくれて幸せです」

「試練を乗り越えて今の幸せがあると思うと，こういう

子を授けてくれた神様に感謝します」

　というような，美しい言葉だけ。

　こう語る親自身は，本当にそう思っているのかもしれない。だけどその親の背後に，そうは思えない親，我が子が障害を背負って生まれてきた不幸を噛み締めている親が，沈黙を強いられて，潜んでいる。不幸でありながら，自分の不幸を語ることを許されないのは，究極の不幸かもしれません。

　せめて，不幸を消し去ることはできないにしても，不幸を語ることくらいは許されるようになってほしい。この世界に，この日本に，障害を背負って生まれてくれば，障害のある子を産み育てていれば，いろんな不幸に出会うから。たとえば……

　電車に車椅子の人が乗っている。その人が降りる時，駅員さんがボードを持ってきて，電車とホームの隙間に車輪が挟まれずに降りれるよう，サービスしてくれる。今では見慣れてしまいました。

　初めてこの風景に出会ったのは，もう20年くらい前でしょう。本川越駅（西武新宿線の終点）でわたしが電車を降りる時，すぐ隣に車椅子の人がいた。わたしは当たり前のように，その車椅子を押しました。本人の自力では，電車とホームの隙間に車輪が挟まれて身動きがとれなくなることを知っていたから。自分が降りる時，つ

いでに車椅子を押すくらい，何の手間でもない。その程度のことで人助けができるならと，それまでも習慣のようにそうしていました。

　しかしその日，そうやって車椅子を押して電車を降りると，目の前に駅員さんがボードを持って待っていました。駅員さんは，びっくりしたような顔でわたしを見る。わたしは一瞬，何のことだか分からなかった。ちょっと考えて「あっ，そういうことか」と理解しました。駅員さんは，車椅子の人がスムーズに電車を降りれるよう，ボードを用意して待っていたのです。

　ちょっと奇妙な気持ちになりました。駅員さんだって暇を持て余しているわけではない。わざわざ駅員さんの仕事を増やさなくても，そばにいる人が車椅子を押してあげればいいことなのに……いや，そうではない。今の日本では誰もが，そんなほんのちょっとした手間，「親切」と呼ぶのが大げさなほどのささやかな手間さえ惜しむ。鉄道会社も，一緒に乗っている人たちの親切心など期待できないから，駅員の仕事を増やしたのです。

　あれから20年あまり。今ではすっかり見慣れてしまった。だけど，どこか奇妙だという意識は残っています。

　そんな世間の冷たさを知っているから，人は障害児の親になることをためらいます。昔は，ためらうも何も，我が子が障害を背負って生まれてきたら，それを受け入

れるしかなかった。今は違います。出生前診断の技術が進歩して，妊娠のかなり早い段階で，はっきり言えば中絶できる段階で，胎児に障害があるかないかを判定できるようになりました。出生前診断で障害が発見されたら，日本の親の90％は中絶を選ぶという調査データもありました。それは仕方ないだろう，とわたしは思います。でも，そんな90％の親の選択を批判する人たちもいる。その理由はさまざまです。

　たとえば，「命の選別をすべきではない」。一つ一つの命はみな同じ価値があるのだから，それらの間で選別をすべきでない……確かに，そうかもしれない。一つ一つの命がみな同じように幸せになる可能性を与えられているのなら。障害を背負って生まれてきても，障害のない人たちと同じように暮らすことができ，同じように人生にチャレンジでき，同じくらいの成功と失敗の可能性があるのなら，そして親が我が子の障害のために余計な苦労を背負わずに済むのなら，命の選別などしなくていい。すべきでない。でも，日本の（あるいは世界の）現実はそうではない。理想からかけ離れた現実の中で親が下す判断を理想の立場から批判するのは残酷だとわたしは思うのです。

　あるいは，こんな意見もあります。
「出生前診断が普及し，障害のある胎児の多くが中絶されるようになったら，障害が自己責任にされてしまう」

この意見は，わたしも納得できる部分があります。胎児がかなり高い確率で障害を背負って生まれてくると出生前診断されても，産む選択をする親はいるでしょう。そうやって障害児を産んだ親が，障害児／障害者に対する社会の対応の不備を訴えても，

「そんなこと初めから分かっていただろう。それを承知の上で産んだんだろう。自分で選択したことなんだから，その結果は自己責任だ」

　と冷たくあしらわれて終わる。障害を背負って生まれた人には，

「恨むなら，障害があると分かっていながら産んだ親を恨め」

　という言葉が浴びせられる。

　そんな未来への心配，わたしはそれを杞憂と切り捨てることはできません。電車から降りる車椅子の人に誰も手を貸そうとしない現実，そんなささやかすぎるほどの親切さえ期待できないことがデフォルト設定となって駅員の仕事が増やされた今の日本の現実を見ていると，この心配は十分根拠があると思うから。そして，今でさえそれほど障害者に冷たい世間が，「障害は自己責任」論がまかり通るようになったら，ますます冷たい世間になっていきそうだから。

　今，すでにこの世に生まれてしまった障害者がそれを心配する気持ちはよく分かります。だけど，そういう未

来が予測されるならなおさら，そんな社会に障害のある子を送り出したくないという人の気持ちも分かります。

どちらの気持ちも分かる。

今，現実に生きている障害者の境遇を少しでも良くしたいと願う気持ちと，我が子が障害を背負って生まれてくるのは避けたいという気持ちは，二律背反，二者択一なのか？　そんなことはない，とわたしは思う。障害があると出生前診断された子を中絶する選択をしながら，今生きている障害者の境遇を改善するためにわずかばかりでも協力したいと願うのは，少しも矛盾した振る舞いではないはず。その協力が，現実の場面では，段差に戸惑う車椅子の人を後ろからそっと手助けする程度のことであったにしても。

§7　花街の人たち

花街に生きる女性たち，風俗の仕事をしている女性たちとの縁は，自分のクリニックを開業する以前から，ほかの医者に比べれば深い方だったと思います。さかのぼれば，16 〜 17歳の時，家出をして水商売の世界に飛び込んだ時からのこと。そして今，わたしのクリニックにはそのような女性たちが何人も患者として訪れます。なによりまず，性病の検査と治療のために。でも，それだけではなく，いろんな悩み事を相談するためにも。

性風俗の仕事，英語では端的にSex work，Sex workerという言葉で呼ばれるけど，この種の仕事こそ，性のタブー化，抑圧がついて回ります。それに伴う後ろめたさも。

　自分が風俗で働いていることを親に話せる人はごく少数です。部屋を借りる時も，正直に職業を言うと貸してもらえないことも多い。会社員であれば，勤め先が不動産屋が聞いたこともない零細企業，明日倒産するかもしれないような会社であっても，さほど問題なく借りられるのに，風俗嬢は，勤務先が業界きっての大手グループで，家賃の支払い能力に何の問題もないような場合でさえ，門前払いされることがあります。ひったくりや窃盗の被害に遭っても，警察に届けるのがためらわれる。職業を聞かれて，正直に答えた時の警官の反応を考えると憂鬱になるから。そして病院でも。病気の治療や予防のために，どんな仕事をしているかは重要な情報だけど，正直に話せない。話した時の医者の反応が予想できるから。

《こんな状況はおかしい，セックス・ワークは詐欺でも泥棒でもない，お客をだましてお金を取っているのではない，お客の納得の上でお金をもらってサービスを提供しているのだ。正当な仕事として社会に認知させよう》

　そういう発想で活動しているグループもあります。

　その志は立派だと思う。だけど，その活動に全面的に

賛同するには，ためらいが残ります。なぜか？……

　ちょっと話題をずらすようですが（あとでちゃんとつながります），風俗嬢には心を病んでいる人が多い。事情を知らない人は，「そんな仕事をしているから心を病むんだ」と簡単に断定します。確かにそういうケースもある。だけど，実際に彼女たちを観察していると，むしろ逆のケースも多いことに気付きます。心を病んだから風俗の仕事をしている，というケース。

　心を病んでいる人，うつ病やパニック障害の人，その日の朝起きてみないと，その日ちゃんと仕事ができるかどうか分からない人にとって，「かたぎ」の仕事を続けるのは難しい。そもそも，心を病んだ原因が，仕事がらみのことも多いのです。事務職や営業職あるいは医療や教育の仕事での過重労働，ぎすぎすした人間関係，上司からのパワハラや顧客からの意地悪・いやがらせなど，心を病ませる理由には事欠かない。そうした環境にあっては，心が傷つきやすい人から脱落していく。

　そういう人たちでも働ける場所，それが，当日の朝「今日はお休みさせてください」と言って休ませてもらえる風俗の世界。この世界は，心を病んで世間から脱落しかけた女性たちの最後の居場所・避難所になっている。

　もちろん，その最後の居場所であてがわれる仕事，体を売るという仕事が，さらに彼女たちの心を病ませるこ

ともあります。たいていの人はそう思い込む。もちろん，そういうこともあるのだけど，彼女たちに身近に接していると，ここでもまた逆のケースがあることに気付きます。この仕事が彼女たちの心を癒やすことがある。

　お客がほかの子ではなく自分を指名してくれること，それが彼女たちの心を癒やす。子供の頃から自分の価値を認められることの少なかった人にとっては，売春を介したものであっても自分へのプラスの評価はなによりうれしい。

　もともと，子供の頃からのさまざまな体験のために自己評価の低い人が心を病みやすいのだけど，心を病んで世間から脱落して，ますます低下した自己評価が，風俗の仕事で，お客からの指名という形で評価を受けることで，向上のきっかけをつかむこともある。
「以前の職場では，上司からもクライアントからも怒鳴られるばかりだったわたしが，ここではお客に『いいね』と言ってもらえる」

　ありふれた話とは言わないまでも，例外的とか極少数といって無視できるほど少なくはありません。

　ところで，どうして風俗の世界では，当日の朝「今日はお休みさせてください」と言って休んでも，解雇されずに仕事を続けられるのか？　それは，端的に言えば人手不足だから。いや，「人手不足」という言い方は正確

ではありません。雇う側の立場から見て「来るものは拒まず」という状況，と言う方がより正確でしょう。

　風俗の仕事は基本的に出来高払い，歩合給だから，キャストをたくさん抱えていても，それ自体はお店のコストにはなりません。であれば，待機室が溢れない範囲で，キャストは多い方がいい。たとえ，当日になって電話して欠勤するような人でも，お客が一人でも付くのなら，抱えておく方がいい。経営者はこんな打算に基づいて心を病む子たちも，そうでない健常な女性たちと差別せずに，雇っているのであって，決して精神障害者の福祉に貢献しようという志があってのことではありません。そうではあるけど，結果としてその打算が心を病む女性に雇用の機会と，場合によっては自己評価の向上の機会を提供していることも事実です。

　経営者が「来るものは拒まず」という態度でキャストを雇い入れるのは，「来るもの」が少ないからです。なぜ少ないか？……そこに参入障壁があるから。「後ろめたさ」という参入障壁。

　もし，セックス・ワークが正当な仕事として社会に認知され，親や友人にも堂々と話せ，部屋を借りる時にも隠し立てせずに済むようになれば，たぶん，今よりずっと多くの人が風俗業界に参入することになるでしょう。そうなった時，心を病む人は今までどおり風俗の世界で仕事を続けられるか？

どんな仕事であっても，心身ともに健全・頑丈な人の方が重宝される。もし，風俗の仕事をしたいという人が今の2倍，3倍に増えたら，心を病む人たちが真っ先にはじき出されてしまわないか？

　セックス・ワークに付きまとう後ろめたさを消し去り，正当な仕事として社会に認知させようという発想は，間違っていないはず。ただ，それに諸手を挙げて賛成できない，ためらいがわたしの中にあります。ためらうのは，このような不安があるから。

　セックス・ワークについて，「正当な仕事として社会に認知すべき」という意見もある一方で，「それは究極的には女性の尊厳を傷つけ，当事者も不幸にするものだから，消滅するのが望ましい」という意見もあります。どちらもそれなりに道理がある。そしてどちらの議論からも漏れ落ちてしまう人たちがいる。

　そしてまた，こんなこともあります。

　風俗で働いていた人が，「卒業」して，何とか昼職（風俗ではない，いわゆる「普通」の仕事，「かたぎ」の仕事）に復帰できた。だけどそこでの荒い人使いのために身も心もボロボロにされる，部下を怒鳴り散らすことしかできない上司によって精神的に追い詰められる，こういう話は何度も聞きました。

　結局，風俗の世界の方がまだしも彼女たちを人間扱い

してくれる。「昼職の会社こそ人を消耗品のように扱う。風俗はまだしもわたしたちを『売り物』として大切に扱ってくれる」そう言って風俗の世界に戻る人もいる。かつて「苦界」と呼ばれた世界の方が昼職より人間的であるという奇妙な現実。

　いや，それは花街を美化しすぎているかもしれません。わたしが花街を見る視線にはたぶん選択バイアスがあるから。わたしのクリニックに定期的に性病検査に来る人たちは，自発的に来ている場合もあるけど，お店から言われて来ている人たちの方が多いはず。そして，キャストに性病検査を義務づけるのは風俗営業では「まし」な方。中より上のレベルでしょう。「昼職の会社こそ人を消耗品のように扱う。風俗はまだしもわたしたちを『売り物』として大切に扱ってくれる」と言えるのは，そんな中より上のレベルのところで働いている人。それより下に行けば，風俗であっても人を消耗品のように扱うお店もあるはず。そしてそんなところで働く人たちは，わたしの前に姿を見せることもない。

　花街はこの広い世界の一隅を占める小さな世界。わたしの目に触れるのはさらにその一部。でも，その小さな小さな居場所からも，時として広い世界が垣間見られます。その世界は決してユートピアではない。それどころか，数え切れないほど多くの不都合な真実が渦巻く世界。

わたしは，いわゆる「団塊の世代」またの名を「全共闘世代」より5〜10年くらい若い世代。あの熱気の渦中にはいなかったけど，子供心にそれなりの思いを抱きながらあの時代のニュースに接していました。そして自分が高校生，大学生になった頃は社会変革を夢見たこともある。それから40〜50年の時が過ぎ，そんな途方もない夢は諦めた？……いや，完全に諦めきってはいないのです。この世界に渦巻く不都合な真実に抗して，そして不都合な真実によって痛めつけられ傷つけられた人たちのために，何かを為したいという思いは残っています。往生際が悪いかな。

第3章：君たちはどう生きるか　―　女性編

　女性の人生にとって重大なもの……恋，結婚，子育て……今の時代にこんなことを言うと「性差別」と糾弾されるかもしれない。でも，残念ながら今の時代にも，とりわけ今の日本には，まだまだジェンダーギャップ，性による格差が色濃く残っています。そして，恋や結婚や子育てが女性の人生に占める重みは，それらが男性の人生に占める重みよりかなり大きい。診察室での会話からも感じ取れます。なので，恋，結婚，子育てについてわたしがふだん思っていることを書き綴りましょう。常識に逆らう過激な意見も多いけど。

§1　恋愛

―　終わりある恋

　高田みづえの『夢伝説＜ペルシャン・ブルー＞』という歌があります。わりと気に入っていて，たまにカラオケで歌います。

　　　　　幾千年も同じ心で　幾千年も同じ命で
　　　　　時の魔術に　かかったように
　　　　　愛したい　愛したい　あなた一人を

というリフレインを歌い上げるのは気持ちいい。でも，わたしは知っています。幾千年も続くような（≒永遠の）愛も恋も存在しないことを。

　わたしも当年（2024年）とって68歳。前章では「恋なんか人生の必需品じゃない」と書いたけど，それでも人並みに恋をしてきました。そして今，わたしのそばに恋人と呼べる人はいない。ここから導かれる結論は単純明快です。わたしの何回かの恋はすべて終わりが来たということ。恋はすべて，いつかは終わる。日は東から昇って西に沈むというのと同じくらい明白な事実だとわたしは思うのだけど，間違っているかな？
　なんでこんなことをわざわざ書くのかといえば，恋がいつか終わることに不安や恐怖を覚える人がいるらしいから。恋の永遠を願い，その願いが叶えられないという可能性（というか必然性）に恐れおののく人がいるらしいから。それをテーマとする小説や映画が数限りないほどあるから。
　いつかは終わるという事実が不安や恐怖の原因になるのなら，人生はいつかは終わる（＝人はいつかは死ぬ）のは確定的な事実だから，人は生きている間ずっと死の不安や恐怖におののかないといけないことになる。確かに，たまにそういう人はいます。ガンなどの難病で余命宣告されたわけでもないのに，まだ若くて健康なのに，

死の恐怖に怯えている人。でも，それはかなり病的な
ケースでしょう。万が一，そういう人が身近にいれば，
精神科受診を勧めるか，あるいは，
「限りある命だからこそ毎日を悔いなく充実して生きれ
ばいい」
　みたいなアドバイスをするんじゃないのかな。
　恋も同じだとわたしは思う。
「いつかは終わるのだから，今この時をせいいっぱい充
実して楽しめばいい」
　そして，終わった後，その恋を美しい思い出にすれば
いい。
　……ここまで書いて，ふと思うのだけど，わたしはこ
の年になって，いくつかの終わった恋を経験したから，
「恋はいつかは終わる」と認識したわけではありません。
ずっと昔からそう思っていた。ひょっとしたら初めての
恋を実体験する前から。いろんな小説や映画やドラマを
通して，あるいは身の周りにいる恋人たちや，そのなれ
の果ての夫婦たちを観察することで。わたしにとって，
「恋はいつかは終わる」ことは，言うなればデフォルト
設定だったし，今でもそうです。こんなことを話すと
「寂しい人ね」と言われたことがあるけど，わたしは寂
しいとは思わなかった。あるいは「熱い恋ができない人
ね」と言われたこともあるけど，自分としては十分に熱
い恋をしたことがあると思う。「恋はいつか終わる」と

思っていても，と言うか，思っていればこそ熱い恋はできるはず。もちろん，わたしが考える「熱い恋」とほかの人が考える「熱い恋」が同じものなのかどうか，それは定かでないけれど。

一　一人でも幸せ，二人ならもっと

太田裕美の『九月の雨』という歌があります。わたしが20代の頃に流行った歌だけど，その中に「愛はこんなに辛いものなら　私ひとりで生きていけない」という歌詞があります。わたしはそれを聞きながら，「それって，おかしくない？」と思ったものでした。愛が辛いものだと切実に思い知ったら，「もう愛なんか要らない，恋なんかしない，わたしはこれから一人で生きていく」って決心するのが筋じゃないのかな。愛の辛さを実感しながら，一人じゃ生きていけないって，論理的に筋が通らない。ある人にこの話をしたら，
「歌の文句に論理を要求してもねえ……」
と笑われました。

それからしばらくして，ふと気が付いた。この歌詞は前後を入れ替えるべきなのです。「わたしは一人で生きていけないから，愛で辛いこともたくさん経験する」ということ。

世の中には，誰かがそばにいてくれないとだめな人，一人では生きていられない人もいる。そんな人は，恋も

愛もたくさん経験して，辛い思いもいっぱいして，それでも誰かを愛したい，誰かから愛されたいと願い続けるのでしょう。そうかもしれないけど，そんな人にこそアドバイスしたい。「わたしは一人で生きていけない，誰かがいてほしい」と思い詰めて焦るより，「わたしは一人でも生きていける。二人の方がより幸せかもしれないけど，一人でも大丈夫」と覚悟を決める方が，結果として，良い恋人，すばらしい結婚相手に巡り会う可能性が高まるよ……たぶん。

「一人でも幸せ。二人ならもっと幸せ」……わたしの恋愛に対する基本姿勢です。医者になるずっと前から，物心ついた頃から，あるいは初恋の頃から，恋愛に対してこんな態度を取ってきたように思います。このようにきちんと言葉で表せるようになったのは，最近のことだけど。

　医者になって，依存の病理をたくさん見るにつけ，この思いは一層強くなりました。一人ではいられない。誰か愛する人がそばにいないと不安で寂しくてどうしようもない。そして，愛する人がいつか自分から離れて行くのではないかと思うと，なおさら不安になる……そんなふうにして自分で自分を不幸にする人たちを見るにつけ，幸せな恋をするためにも，幸せな恋をするためにこそ，一人で生きていけることが必要だと思う。

愛される立場であっても，同じ。

「あなたがいないと生きていけない」

　とか，

「あなたと一緒でないと死んでしまう」

　とか，

「わたしにはあなたが絶対に必要なの」

　というような言葉を聞いて，いい気になる人もいるとは思うけど，わたしにとっては重たすぎる。束縛を感じるだけでなく，依存を感じてしまいます（職業病かな？）。

「わたしは一人でも生きていけるけど，あなたを愛しているから一緒にいたい」

　と言われる方が，わたしはうれしい。必要だからではなく，愛しているから，一緒にいたいと言われる方が，ずっとうれしい。

　「必要」という言葉に，人はどんな意味を込めるのでしょう。美しい衣装，妙なる音楽，心揺さぶる詩や小説は，人が生きていく上で絶対に「必要」なものではない。そんなものがなくても，人は生きてはいけます。だからと言って，それらが，飢えをしのぐための食べ物や雨露をしのぐための住まいに比べて，価値が低いわけではない（はずだとわたしは思う）。恋愛や愛する人も，これと同じ。恋をしなくても，愛する人がいなくても，人は生きていける。だからと言って，恋の値打ちが下がるわ

けではないし，愛する人の価値がなくなるわけではない。

一　「愛」という言葉

　これまで何の説明もなく「愛」という言葉を使ってきたけど，この言葉，ずいぶんいろんな意味に使われます。「愛している」と言って相手をがんじがらめに束縛したり殴ったりするのは論外としても，「わたしを振り向いて」，「わたしを幸せにして」と相手に要求する程度の利己的な気持ちはごく普通に含まれているかもしれません。その一方で，相手をいとおしみ，相手の幸せを祈る利他的な気持ちも愛と呼ばれます（慈愛と言うべきかもしれないけど）。

　利己的な気持ちが1滴も混じらない純粋な慈愛は，たぶん人間には不可能なこと。見返りを期待せず，人を愛することだけで満足できるなら，愛に悩んだり苦しんだりする人はいないでしょう。だけど人は，誰かを愛すると，自分がその人を愛するだけでは満足できない。相手からの見返りを期待してしまう。「わたしはこんなにあの人を愛しているんだから，あの人もせめてその半分くらいわたしを愛してくれてもいいはず」とか，「なんでわたしの気持ちに応えてくれないの」とか……。

　片思いより相思相愛の方が幸せだから，相手が自分を振り向いてほしいと思うのは自然な心のなりゆきだけど，その思いが届かず，相手が自分を振り向かない時，「な

んで振り向いてくれないの」と怒り，恨み，悲しみを内向させる（あるいは外に向かって爆発させる）より，さらりと諦めて，自分が相手を愛していること，それだけで満足できるなら，その方がずっと幸せ。でも，それはたぶんたいていの人間の手には届かない幸せ。

　確かに，愛は煩悩の源ではありますね。だからと言って，愛をすべて切り捨てるのは味気ないけど。

　そんな，人を幸せにもすれば苦しめもする愛は，どうやって人の心に芽生えるのか？……いろんなパターンがあるでしょう。運命の出会いもあるかも。そんなにドラマティックでなく，ずっと穏やかな形としては，慣れやなじみが生み出す愛もあります。愛着という言葉の方がふさわしいかな。

　たとえば，わたしのお気に入りのティーカップ。白，といっても輝くような純白ではなくて，クリーム色の無地のシンプルな形のカップ。もう20年くらい使っています。どこで買ったか覚えていない。100円ショップではないと思うけど，近くの雑貨屋さんなのか，瀬戸物屋さんなのか，もうちょっと高級なデパートの陶器売り場だったのか……ともかく，どこかのお店でたまたま見つけて，気に入って買ったもの。絶対にそれである必然性はなかった。別の日に別のお店に入っていれば，別の，似たようなカップを見つけて，気に入って買っていたで

しょう。今手元にあるこのカップを買ったのは，偶然のなりゆき。ひょっとして，別のお店に入った方が，今あるカップよりもっとわたしの気に入りそうなカップが見つかったかもしれない。でも，そんなことを今さら考えても仕方ないし，そもそも考えることもしない。

　絶対にこれでなくても良かった，このカップ。買った時点では，ほかの似たようなカップと比べて特別な取り柄があったわけではない，ごくありふれたカップ。それを20年くらい使っているうちに，すっかりなじんで愛着を覚えます。もし今，何かのはずみで壊したりしたら，悲しい気持ちになるでしょう。だから，大切に使っています。

　出会いは偶然だけど，なじんでいくにつれて愛着が生まれ，出会いが必然と思われてくる，そんな身近な大切な品々，ほかにもいくつかあるでしょう。物だけでなく人についても同じようなことはあるはず。出会いの偶然が，永い時間をかけて信頼と愛着をはぐくむ中で必然に変わっていく。それは「運命の出会い」のように派手ではないし，「熱い恋」とは違うかもしれないけど，人生において大切なもの。

　まあ，人間どうしの場合，時間をかけて付き合っていくうちにお互いの欠点が見えてきていやになることもあるかもしれません。そんな時は，冷静に話し合って別れればいい。派手なケンカをする必要はない，と思う。

一 HIVをめぐる愛，女と男

　10年以上も前だけど，インターネット医療ニュースでこんな記事が配信されました。

《イタリアのエイズウイルス（HIV）感染者支援団体「NPS」は，同国内で毎年少なくとも約30人から50人の女性が，夫や恋人などパートナーの男性のHIV感染を知りながら避妊具なしに性交渉し，自分も感染しているとの調査結果を発表した。

　こうした女性らは，避妊具を使わないのは「愛を分かち合うため」としており，妊娠し子供がHIVに感染するケースもあった。NPSは「社会的な大問題」として対策の必要性を訴えた。NPSによると，こうした行為に及ぶのは大半が女性で，男性はパートナーの感染を知ると関係を絶つことが多かった。》

　このニュースに対してはいろんな意見・感想があるでしょう。

　たとえ「愛を分かち合うため」でも，相手がHIVに感染していると知ってコンドームを着けずにセックスするのは，理性の制御をなくした心の暴走であるし，その結果，子供を先天感染させるに至っては無責任としか言いようがない（どうしてもコンドームなしのセックスをするのなら，せめてピルで避妊すべき），という批判もあるでしょう。

　ただ，その批判とは違う視点から一つの疑問が浮かび

ます。HIV感染を知りながら「愛を分かち合うために」コンドームなしのセックスをするのが，本当に女性の自発的な行為なのかという疑問。決して相手から直接に強要されて，ということではありません（そういうケースもあるかもしれませんが）。それよりむしろ，「HIVだからと言って生のセックスを拒否するとは，冷たい女だ。本当に愛しているなら，HIVでも相手を（コンドームなしで）受け入れるべきだ」という世間の風潮に押し流されているという面がないのかどうか。NPSが「社会的な大問題」と訴えているのは，このような世間の風潮を見据えてのことかもしれません。

　これとの対比で目に付くのは，
「男性はパートナーの感染を知ると関係を絶つことが多かった」
　という部分です。

　イタリア語の原文がないので確定的なことは言えませんが，「関係を絶つ」というのは，セックスに際してコンドームを使うようにする，という意味ではないはずです。交際を続けながらセックスを控えるという意味でもないでしょう。交際，恋愛関係そのものを解消する，もっと端的に言えば「相手を捨てる」ということだろうと思います。男はそれをためらわない。世間もそれを求めない。「愛に生きなさい」は女にだけ求められるルール。

HIV感染については，さらにその奥にもう一つの問題
があります。HIVの主な感染ルートは言うまでもなく
セックスです。自分は感染していないのに相手が感染し
たのなら，相手が別の誰か（HIV感染者）とセックスし
たと疑えます。

　このような状況で，女に対しては「男のちょっとした
浮気くらい許してあげなさい，そしてこれまでどおり生
で受け入れなさい。そうするのが『いい女』だ」と世間
はささやく。男に対しては「ほかの男と寝るようなふし
だらな女はさっさと捨てろ」と世間はささやく。こんな
状況がわたしには思い浮かびます。

　性に関する二重基準そのものですね。

　この話をある人にしたら，
「私もイタリアの女性たちと同じように，感染を覚悟で
コンドームなしで相手と関係を持つ気がします。子供に
関しては，母子感染をなるべく防ぐ方法での出産を選ぶ
と思います。こういう考え方は女性的なのかな……」

　という返事でした。こういう発想をする女性は多いの
でしょう（本当にその場面になって，そう行動するかど
うかは別ですが）。

「女性的なのかな」……いや，女性的ではなくて「伝統
的」なのでしょう。インドでは夫が死ぬと妻も一緒に殺
す（自殺を強要する）習慣があった（ひょっとして今も

ある？）けど，それに通じる発想ではないかな。女は男のために生きるべし。男が不幸を背負っているのに，女が不幸を免れるのは間違っている。男が不幸なら女も一緒に不幸になるのが正しい生き方……こんな発想。

でも，この発想は誰も幸せにしない。

一番迷惑なのは，言うまでもなく，生まれてくる子供です。母子感染を完全に防ぐ方法はないから。自分が感染しているのを知らずに妊娠してしまうのと，自分が感染しているのを知って，あるいは自分が感染する危険のある行為を繰り返しながら妊娠するのとでは，子供に対する責任の重さが違うはずです。

相手に関しては，彼は別の人（HIVキャリア）とコンドームなしでセックスしたわけです。そういう相手がコンドームなしのセックスを求めてきて，それを結局受け入れてしまうのは，優しくしているのではなくて甘やかしているのでしょう。この種の甘やかしは結局のところ，相手にもマイナスだし，本人にもマイナスのはず。こんなふうに反論したら，

「先生の言いたいことは分かる。ただ，わたしは，痛みを共有したいという感情が湧いてしまいます……」

という返事をもらいました。

「痛みを共有したい」という気持ちは分かる。それはすごく美しい心だと思う。ただ……立場を逆にして考えてみたらどうでしょう。あなたがHIVに感染して，彼

が「あなたと痛みを共有したいから……」と言ったら。あなたは，彼の気持ちには心から感謝しながら，でも彼をHIV感染の危険にさらすようなことは拒むのではないか。

　彼がHIV感染という不幸におちいった時，自分がその不幸を共有しないで彼を見守るのは辛いかもしれないけど，逆の立場で，彼に自分の不幸を共有させるのはもっと辛いのでは？　愛する人を自分の不幸に巻き込むことそれ自体が自分にとって新たな不幸であること，これは，どちらが先にHIVに感染しても同じだと思う。別の見方をすると，愛する人を自分の不幸に巻き込むのを辛いと思わないとしたら，それはかなりエゴイスティックな愛のはず。

　彼がHIVに感染したとして，あなたが「痛みを共有したい……」と言えば，彼は，本当にあなたを愛しているなら，その申し出を拒むと思う。愛する人を自分の不幸に巻き込みたくないから。だけど，本当にあなたを愛しているなら，拒みながらも悩むと思う。あなたの美しい心を拒むことになるから。

　だから……初めから「痛みを共有したい……」と言い出さない方がいい。わたしの理性はそう語る。わたしの心は「痛みを共有したい」という気持ちに深く感動し共鳴するけど，それでも，わたしの理性は「それはやめなさい」と語るのですよ。

一　心の傷を抱いて

　まだわたしが自分のクリニックを開業する前，勤務先のクリニックを受診したある患者さんのことを今も覚えています。

　彼女は，子供が先天性心臓疾患で生まれて間もなく亡くなったのでした。その後，さまざまな身体症状（頭痛，食欲不振，腹部不快感など）に悩まされていて，内科をいくつか受診した後に，心理的要因を推測され，精神科を受診なさったのです。

　わたしと話していて，やはり子供が先天性疾患を背負って生まれてきて，それが原因で生後間もなく死んでしまった（彼女の表現によれば「死なせた」）ことが心の傷となって，さまざまな身体症状を引き起こしているのだろうという結論になりました。

　彼女は，
「それなら，治らなくていいんです。あの子のことが原因でなった病気なら，治らなくていいんです。わたしは一生，あの子のことを思っていたい，この悲しみを薄れさせずにいたいんです。自分の病気を治すためにこの悲しみを忘れるようなことはしたくありません」

　と冷静な口調で言って，診察室を出て行きました。

　この患者さんは先天性疾患で子供を死なせたのだけど，妊娠中絶した女性にも，同じような心の動きが見られます。妊娠中絶したことが心の傷となって，そのために体

と心にいろんなトラブルが起こるけど，それを敢えて克服しようとは思わない。幸せな恋愛，幸せなセックスができなくなったけど，それは仕方ないと諦めている。

「幸せなセックスや幸せな恋愛をすることは申し訳ない」

　というような気持ち，より一般的に，幸せになるべきではないという気持ち。

　そういう女性の気持ちに接していると，逆説的な言い方になりますが，そんなふうに深く自省できる人こそ，幸せになってほしいし，幸せになる資格があるのに，と思ってしまいます。

　わたしはつい，男と比較したくなる。

　当たり前のことだけど，女だけでは妊娠できません。男がいて妊娠できるのです。生まれる前に消え去った子供は，女だけの子供ではなく，男にとっても自分の子供のはずです。だけど，自分の子供を出生前に中絶させたことについて，そのような自省をする男は少ないようです。

　そんな男たちが，その後も能天気に幸せなセックス，幸せな恋愛をしているのを見ると，女たちはもっと幸せになっていいはずだと思ってしまう。もっとも，こんなレベルの男たちと比較されること自体が，女たちにとっては心外かもしれませんが。

　ちなみに，生まれたばかりの子供を先天性心疾患で死なせた患者さんの夫は，子供の死後，彼女と離婚し，別

の女と結婚し，その人との間に子供をもうけたそうです。
まあ，「男はみんなこうしたもの」"Così fan' tutti"（コ
シ・ファン・トゥッティ）……かな？

＊注記：

　Tutti（トゥッティ）はイタリア語で「すべて」とい
う意味の形容詞Tutto（トゥット）の男性複数形。そし
て，Tutte（トゥッテ）は女性複数形です。Tuttiと
Tutteは単独で用いられると「すべての男」，「すべての
女」という意味になります。

　"Così fan' tutte"（コシ・ファン・トゥッテ）はモー
ツァルトの有名なオペラのタイトルですが，直訳すると，
「すべての女はこのように振る舞う」という意味です。
それを『女はみんなこうしたもの』と訳したのは，なか
なかうまいと思います。この名訳を真似るなら，

　"Così fan' tutti"は「すべての男はこのように振る舞
う」→「男はみんなこうしたもの」になります。

§2　結婚

―　理想が高すぎる？

　世の中のことがある程度分かるようになった年頃，中
学生くらいから，わたしにとって結婚は謎でした。
「人はどうして結婚なんて面倒くさいことをするんだろ
う？」

身の周りの夫婦たち，一番身近な両親や，隣近所のご夫婦たちを眺めていて，そんなに幸せいっぱいには見えなかった。決して，不幸だとか夫婦仲が悪いというわけではありません（そんな夫婦もいたけど）。特に幸せでも不幸でもない，ごく普通の関係。あの程度の普通の関係のために結婚なんて面倒くさいことをするなんて，割が合わない。それが，子供の頃のわたしの正直な思いでした。

　中学生の頃のわたしは人付き合いが苦手でした（今でも得意ではない）。そんなわたしにとって，人付き合いなどという苦労を敢えて背負うには，それに見合うメリットがないと割が合わない。まして結婚となれば，同じ人と毎日ずっと顔を合わせ続けないといけません。それほどの気苦労，ストレスに対しては，よほど大きなメリットがないと……そんなふうに思って身の周りを見渡しても，それほどのメリットを実現している夫婦は見つからなかった。

　逆から見れば，わたしは結婚に並外れて高い理想を抱いていたのかもしれません。

　経済力のない女と家事能力のない男が一緒になるパターン，わたしが子供の頃にはありふれていました。今でもかなり多いでしょう。わたしはいやでした。1人で生活を成り立たせることができない半人前の人間が2人一緒になってやっと一人前になるような関係と思えたか

ら。結婚に限らず恋人であれ親友であれ，親密な人と人とのつながりは，一人前の人間が2人一緒になって，3人分，4人分のものを作り出すような関係であってほしかった。度外れた理想主義かな？

一　現実を見ると

　結婚や愛をめぐる理想主義を離れて，現実の姿を冷静に眺めると，結婚とは奇妙な制度です。

　恋愛なら，どちらか一方が相手への気持ちが切れたら，それで終わりです。恋愛は両方の合意と同意だけに基づいて存在できる。別れを告げられた側が「わたしは今もあなたを好きなんだ」と言ってつきまとったら，ストーカーとして非難されます。だけど結婚ではこれが逆になる。一方の気持ちが切れても，相手が別れることに同意しなければ関係を続けないといけない。そんなのはいやだ，と言うと「身勝手」と批判され，新しい相手を見つけると「不倫」と非難されます。だけどなぜ，破綻した人間関係（一方の気持ちが切れた時点でその関係は破綻していると思う）を法律や制度で無理に続けさせるのだろう？

　真っ先に思いつく説明は，「子供のため」。子供にとって両親の離婚は大きなストレスだから，なるべく避けるべきだという説明。それに対して，「じゃあ，子供のいない夫婦の離婚は？」と誰もが思いつく反論はとりあえ

ず脇に置いても，果たして，関係の冷めた，いがみ合っ
てしょっちゅうケンカをしているような両親に育てられ
る子供の方が，ひとり親に育てられる子供より幸せなの
か，一考の余地はあります。

　もう一つの説明は，女性の生活保障。女性が結婚して
専業主婦となり子育てに専念している時，男の気まぐれ
であっさり離婚されたら路頭に迷うから，離婚には歯止
めが必要だという説明。これは，現状においてはそれな
りに妥当な説明だけど，女性が子供を抱えてもフルタイ
ムで仕事でき，経済的に不自由なく（結婚している時と
同じ程度に）生活できる社会であれば，気持ちの冷めた
結婚によって生活を保障する必要はなくなるはず。そん
な社会は不可能……とは言えません。それをほぼ実現し
ていた社会もあったようだから。

『東ドイツのひとびと　―　失われた国の地誌学』（著
者：ヴォルフガング・エングラー，出版：未来社）

　とか，

『世界地図から消えた国　―　東ドイツへのレクイエ
ム』（著者：斎藤瑛子，出版：新評論）

　という本に紹介されているかつて存在した東ドイツと
いう国では，

《同一労働同一賃金の原則に従い，男女で賃金が差別さ
れることはない。産前産後26週間の産休とその後1年
の育児休暇は有給。休職明けは当然のこととして休職前

145

と同じポスト，同じ賃金で復職でき，保育所も自己負担はほとんどゼロ。子供を育てながら働くのに，何の支障もなく，むしろ働くことが奨励されていた（労働力不足を補うため）。》

　このように女性が自立して生活する基盤が整っているなら，結婚によってその生活を保障する必要はありません。妻の側から言えば，夫への気持ちが冷めてしまって嫌悪感を抱くほどだけど，自立して生活するあてがないから我慢して結婚を続けるという不幸に耐える必要はありません。一緒に暮らすのがいやになったら，何の不安もためらいもなく離婚できるし，新しい生活を始められる。あるいは，夫から離婚を切り出された場合でも，お金のことで不安にならなくていい。

　結婚から生活保障という意義を取り去れば，気持ちが冷めたカップルを無理に結びつけておく必要はなくなります。恋愛において，いやになった相手と無理に付き合い続ける必要がないのと同じです。ただ，そうであるなら，恋愛とは別に結婚という制度を法律によって保護する必要があるのかという疑問に立ち戻るのですが。

　歴史的に見れば，結婚という制度は愛し合う男女のためのものではなかった。それは，後継者を産み育てるため，つまり家を維持するためでした。一緒になる男女の気持ちは，どうでもいいとは言わないまでも，二次的な

もので，一番大事なのは家の維持・発展にとって損か得かという打算でした。これは見合い結婚が一般的だった日本に限らず，ヨーロッパでも，ある程度より上の家柄であれば，政略結婚がスタンダードでした。もちろん，政略で結ばれた男女の間に愛が芽生えても悪くはないけど（たとえば，浅井長政とお市の方のように），そのような幸運はめったにないことを前提に，相手が愛人を持つことを互いに（つまり夫も妻も）認め合っていた時代・社会もありました。18世紀，フランス革命前のヨーロッパ貴族社会など。

　恋愛結婚が結婚のスタンダードになったのはこの100年くらい，せいぜい200年くらい。人類の長い歴史の中では束の間のこと。そして，女が一人で生きていく可能性が開けている現在，その存在意義は薄れているのかも。その先にどんな男女関係のスタンダードが待っているのか，それは分からないけど。

　「男女関係」と書いたけど，同性関係でもかまわないのです。近年，同性婚をめぐるニュースが時おり世間を賑わします。同性カップルの結婚を法的に認めようという主張をわたしは支持します。決して反対はしない。ただ，同性カップルには，とりわけその中でも「活動家」と自認する人たちには，結婚という制度そのものに疑問を投げかけてほしいとも期待しています。
「わたしたちは，お互いに理解し合おうとする努力と，

お互いを慈しむ愛情だけで二人の関係を支えます。法律や制度のお墨付きは要りません」

　と胸を張って主張してほしい。……ドン・キホーテ的な理想主義かな？

　そう胸を張って主張して何年か十何年か後に，もしもどちらかの気持ちが冷めてしまったら，その時は「去る者は追わず」，「君子の交わりの淡きこと水のごとし」……これはこれで，儒教的な理想主義かな？

　理想主義かどうかはともかくとして，一方の気持ちが冷めても，もう一方が同意しなければ離れられないというのは幸せなことなのかな？　自分の方が先に気持ちが冷めた場合，相手から法的に束縛され結婚という状態に縛り付けられるのは，不幸でしかない。逆の場合は？　自分への気持ちが冷めてしまった相手を法の力で自分に縛り付けておくのは幸せなのか？　わたしはそう思わないけど。さらにもう一言付け加えれば，自分を愛していない人を法律の力で縛り続けるなんて，エレガントじゃない。

　こんなわたしの冷めすぎた意見に，
「結婚とは，放っておけば終わってしまうものを終わらないようお互いに努力しようという約束なのだ」

　と反論されるかもしれません。そうかもしれない。ただわたしは，「その努力は，するに値する努力なのか？」と疑問に思うだけ。終わるに任せてもかまわない

のではないか？……

　こう書くと，結婚の意義を全否定しているように思われるかもしれないけど，それはわたしの本意ではありません。わたしは恋の結末としての結婚，永遠の愛のための結婚に疑問を呈しているのであって，あらゆる結婚を否定するわけではありません。たとえば，共同生活の契約としての結婚はあってもいいと思っています。

　人生には，一人で対処するより二人で対処する方が楽なことがいろいろある。経済的に見ても，二人暮らしの費用は一人暮らしの2倍にはならないことが多いから，一人あたりの負担は少なくて済む。家事についても同じことが言えるでしょう。それらの共同生活のメリットを実現するために一緒に暮らすという選択はあって当然です。そして，わざわざ嫌いな人と一緒に暮らす必要はないから，共同生活のパートナーは相性の良い人を選ぶのが自然でしょう。ただ，共同生活のパートナーとして理想的な相手が，恋のパートナーとして理想的であるとは限らない。そうでないことの方が多いと思うけど，どうでしょう？　一緒に暮らす中で相手の良いところが今まで以上に見えてきて好きになることはあるかもしれないけど，逆パターン，相手の欠点が目に付いてきて嫌いになることもあるかもしれない。前者の場合は共同生活がより幸せなものとなる。後者の場合は共同生活を解消すればいい。ただそれだけのこと，と思うのだけど，やっ

ぱり冷めすぎているのかな。

一　三位一体

　冷めた意見をもう少し続けます。

　わたしは常々，共同生活のパートナーとして理想的な相手と理想の恋人は，一致しないことの方が多いと思っています。だから，共同生活のパートナーと恋愛（愛情），そしてセックス（性愛）を三位一体として結び付ける恋愛結婚という制度は，かなり無理があると思う。実際，恋愛結婚が結婚のありふれた形式となったのは，長い人類の歴史の中でたかだかこの200年くらいのものです。

　ある時，知人との会話の中で結婚相手（共同生活のパートナーという意味）に一番大事な条件は何かという話題になり，

「嬉しくも悲しくもないごく普通の時間を一緒に過ごすのが苦にならない人」

「ふだんの生活の中を一緒に過ごすのが苦痛でない人」

「毎日そばにいても邪魔にならない人」

　というような結論に達しました。

　若い人から見ると（その知人も，離婚の経験があるとはいえ，まだギリギリ20代だったから，わたしから見れば若いのですが），なんとも味気ない結論かもしれませんね。

でも，かなり妥当な結論だと思いますよ。

　民俗学の用語に「ハレ」と「ケ」という対をなす言葉があります。「ハレ」は，お祭りなど，ふだんと違う華やいだ，そして多少は危険も伴う，日常生活とは区別される時間・空間です。「晴れ着」の「晴れ」もこの「ハレ」から来ているのでしょう。「ケ」は「ハレ」以外の平凡な，ある意味で退屈な日常生活の時間・空間です。

　恋人は，何時間か，あるいは一晩だけ，「ハレ」の時間を共に過ごす相手です。自分の良い面だけを見せ，相手の良い面だけに目を向けて，心ときめく時間を過ごすことができます。これに対して共同生活のパートナーはまさに「ケ」の時間を共に過ごす相手のはず。空気（冷たい空気でなく暖かい空気）のような存在であるのが，理想でしょう。それに加えて，信頼できる相談相手であればなおさらうれしい。

　毎日一緒にいれば，いやでも相手の欠点が目に付くし，自分の欠点も見せてしまう。欠点のない人間はいないけど，せめて相手の欠点が自分の許容範囲であること，自分の欠点も相手の許容範囲であること。そういうことも含めて，

「嬉しくも悲しくもないごく普通の時間を一緒に過ごすのが苦にならない人」

　という表現になりました。これは，理想の恋人の条件とはかなり違っている（と思う）。

もちろん，ふだんの家庭生活では空気のような存在で，たまにデートのような特別な時間を過ごす時は心ときめく相手に変身するという，究極の理想の相手がいるはずはないと断言はできません。ただ，とても少ないだろうとは言えます。そんな理想の相手を時間をかけて探し続けてもいいけど，結局見つからなかったら，現状では2つの選択肢しかありません。

　・結婚を諦める
　・どれかの条件を諦め，妥協・我慢して結婚する

　だけど，冷静に考えれば，三位一体を解体する，3つの条件を別々の相手に求めるという選択肢もあっていいのでは？　共同生活のパートナーとしてはAさんを選び，恋愛の相手としてはBさんを選ぶというふうに。もちろん，Aさん，Bさんもそれを納得しているのが条件だけど。

　結婚についてこんなことを考えていると，おもしろいニュースを見つけました。

　イギリスでは，2004年に同性のカップルが結婚した男女と同じ法的な権利を得られるよう「シビル・パートナーシップ法（同性カップルのみが対象）」が制定されたのだけど，「伝統的な結婚はしたくないが，共に人生を歩むパートナーとして，男女カップルにも同性カップルと同じようにシビル・パートナーシップを認めてほし

い」という声が上がった。それを踏まえて2019年に異性間のシビル・パートナーシップが認められたとのこと。

　恋愛や性愛を抜きにした人生のパートナーを性別を問わず（同性であれ異性であれ）選ぶことができ，それを単なる親友ではなく法的な裏付けのある関係として認められるようになるわけですね。イギリス人たちは結婚の三位一体が持続可能でないことに気付き始めているのかな。

§3　子供のこと，親子のこと

―　子供の未来

　恋愛，結婚と来れば，次は出産，子育てかな？

　わたしは自分の子供をほしいと思ったことはありません。若い頃からそうでした。若い頃こそ，そうでした。なにより，自分が子供として経験した親子の軋轢を親の立場で繰り返したくなかったから。そして小さな子供が甲高い声でおしゃべりする騒々しさが苦手でした。幼い子供とバスや電車に乗り合わせたりすると，そのやかましさに閉口した。

　やがて30代，40代，50代と年を重ねるにつれ，子供に対してだんだん寛容になり，今は，微笑ましく，かわいく思います。電車の中で幼い子供が母親（たまに父親のこともある）にじゃれついたり，おぼつかない口ぶり

で語りかけたりしているのを見ていると微笑みかけたくなるほどになっています。でも、それと同時に涙ぐみそうにもなります。幸せそうなその幼い子供に待ち受けているであろう未来を思い浮かべるからです。わたしはこの世界に明るい未来を展望できないから。

地球規模で言えば、環境破壊。地球はいつまで人が生きていける環境でいられるのだろう？……昨今は気候変動ばかりが取りざたされるけど、それだけではありません。水不足も同じくらい深刻なのかも。

アラル海は何年も前に干上がりました。RFI（ラジオ・フランス国際放送）のニュースによれば、イランでは湖が次々に干上がっているらしい。世界のパン籠と言われるアメリカやオーストラリアの農業を支える地下水もいつかは汲み尽くされるでしょう。インドや中国も似たような事情らしいです。今の子供たちが大人になった頃、1杯の水、1個のパンを親子兄弟が奪い合う世界になっているかも。

もちろん、争いは個人の間だけでなく民族、国家の間でも生じるはず。そして人類はすでに自分たちを絶滅させられるほどの力（核兵器だけでなく生物化学兵器なども）を持ち合わせています。力をコントロールするにふさわしい知性や徳性のレベルに達しないうちに、原始の情動を抑制する術を身につけないままに、人類は巨大な

力を手にしてしまった。

　わたしが子供の頃，アメリカとソ連が冷戦構造の中でいがみ合っていました。双方が膨大な核兵器を積み上げた恐怖の均衡，相互確証破壊Mutually Assured Destruction，略して"MAD"。もちろん，「気が狂っている」という文字どおりの意味もかけていたけど，そんな恐怖の均衡が狂った発想だと批判する良識は生き残っていた。「まさか人類はそこまで愚かではないだろう」とも思えていました。今，世界の現状を見ていると，「ひょっとして人類はそこまで愚かなのかもしれない」と思えてきます。

　地球規模などと壮大なことを言わなくても，もっと身近なところでも，たとえば学校。「みんな仲良く」という建前の裏側で広がるいじめ。いじめとも密接に絡み合うスクールカーストの差別構造。子供の自由や自発性を目の敵にするような理不尽な校則。そんな生きづらい小さな世界を抜け出して社会に出ても，今の若者の3分の1は派遣などの不安定で低賃金の非正規雇用。残り3分の2は一応正規雇用だとしても，前章の§7で書いたような，人を消耗品扱いする職場はざらにあります。

　子供たちが大人になるまでに，この状況が変わる見込みはどれくらいなのでしょう？

　わたしの暗い予想が外れますように。わたしの小賢し

い知性を裏切って，この子たちの未来が明るいものでありますように。そう願いながら，その一方でもっと過激な考えも心をよぎります。「産まないストライキ」。

　古代ギリシャの喜劇作家アリストファネスに『女の平和』という作品があります。無益な戦争に明け暮れる男たちに戦争を止めさせるため，女たちが団結して，「戦争を止めるまではセックスしない」とストライキを起こすお話です。わたしは，それに似たことを考えています。若者たち（生物学的に出産能力の高い世代の人たち）が，「今の世の中がもっとましな世の中になるまで，子供は産まない」と宣言すること。

　10年以上も前にこんなことを身近な人たちに話したら，それなりに賛同してくれながらも笑われました。「そんなこと無理でしょう……」。まあ，無理かもしれないと思っていたのですが，5年ほど前，『ニューズウィーク・ジャパン，オンライン版』に，欧米の若者が気候変動に抗議して「産まないストライキ」（"Birth Strike" 直訳すれば「出産ストライキ」）を呼びかけ，短期間で1000人ほどの賛同者が現れていると報じられていました。

　抜粋すると，
《ニューヨークの国連本部では9月23日（2019年），気候変動とその対策について話し合う国連気候行動サミットが開催される。これに合わせて，世界各地で大勢の若

者がバース（出産）・ストライキを計画している。9月19日時点で1000人近い若者が，「安全な未来がなければ子どもは持たない」というこの運動に賛同している。

　オンラインメディアのバイスによれば，この「＃NoFutureNoChildren（未来がないなら子どもは持たない）運動」は9月16日にカナダ在住のエマ・リム（18）が立ち上げた。……「子どもを守ってあげられる確証がなければ産めないから，私は家族を持つことを諦めるつもり。とてもつらいけど」と彼女は書く。「そう考えているのは私だけではないという確信があったから，ここに誓約の場を立ち上げた」》

　ということだそうです。エマ・リムさん，カナダから太平洋を隔てた日本にも，同じように考えている人がいるんですよ。

　欲を言えば，もっと視野を広げてほしい。子供の未来を奪うのは気候変動だけではない。もっと差し迫った脅威はこの世界で絶えることのない戦争，紛争でしょう。人類を絶滅させる核戦争は言うに及ばず，日本ではさしてニュースにさえならないような地域的な紛争（たとえば，イエメンの内戦，コンゴの内戦，スーダンの内戦など）でさえ，何十万，何百万という子供たちの未来を奪っている。あるいは，経済格差，貧困もまた数え切れないほどの子供たちの未来を奪うはず。「平和で公正で環境に優しい社会が実現するまで，子供は産まない」，

「今の世界に責任を負う大人たちはこれから生まれてくる子供たちの未来を保障しろ」というスローガン。夢物語かな？……

　ところで，この記事には，

《……また2017年に実施された調査では，個人が最も効果的に二酸化炭素の排出量を減らす方法は，家族を持つ際に子どもの数を1人減らすことだという結果が示された。その次に効果的なのが，車を売る，長距離移動を控える，ベジタリアンになるなどの方法だ。》

という文章があります。

　気候変動を防ぐ最も効果的な方法は子供を減らすこと，つまり人口を減らすこと。とっくに分かっていたことです。50年くらい前のオイルショックで，地球環境，天然資源が有限であることを思い知らされた頃から。最近でも，たとえば「地球の人類全員がアメリカ人と同じようなエネルギー浪費型のライフスタイルで生活すると，地球が3個か4個必要になる」というような議論はあります。この議論を逆から言えば，人口が今の3分の1か4分の1になれば，全員が今のアメリカ人のようなライフスタイルであっても地球環境は保たれるということ。

　「先進国並みの生活水準に到達したい」というグローバル・サウスのしごくまっとうな要求と，地球環境を守るという人類全体の課題を両立させるのに，テクノロジーの発展を期待する意見が多いけど，それだけで十分

なのか？　人口を減らす必要もあると思うけど。

　人類に集団としての本能があるとしたら，わたしみたいに子供を産み育てたいという意欲を持ち合わせない存在が出現したのは，人類全体としての生存本能のためかもしれません。人類が全体として生き延びるためには，人口を減らさないといけないのなら，人類のうちの何％（あるいは何十％）は生殖に寄与しない方がいいから。

　わたしやエマ・リムさんがどれほど熱心に「産まないストライキ」を提唱しても，すべての人が出産を放棄することはあり得ない。自分の子供を産み育てたいと願い，その願いを実現する人たちはたくさんいるはず。それでいいのです。わたしみたいな人間が増えることで人口が減少するなら，あるいは人口の増加に歯止めがかかるなら，その恩恵は，わたしとは違う意見・志向の人たちが産み育てる子供たちが受け取ることになるでしょう。

　ベスト・シナリオなら，「産まないストライキ」が多少なりとも成果をあげるなら，未来の子供たちは今より少しはましな社会で生きていける。「産まないストライキ」が目的を果たせなくて，人類社会の状況が今のままだとしても，少なくとも人口が減ることで地球環境は改善される，あるいは悪化が防げる。未来の世代のために，それくらいの貢献はしたいと思う。あるいは，わたし自身のために，それくらいの夢は見ていたいと思います。

そうは言っても，地球全体にとって人口減少が望ましいとしても，少子化はいろんな問題を引き起こすと心配ですか？　少子化について詳しく論じると1冊の本でも足りないでしょう。ここでは，ごく簡単にわたしの考えの粗筋だけ書き留めます。

一　少子化

　少子化をめぐって，真っ先に語られるのは年金問題。子供の数が減り続けると，将来の現役世代は少ない人数で多くの高齢者（年金受給者）を支えないといけなくなるという問題です。でも，年金財政はある意味表面的な問題であって，本質的なことは，社会全体が必要とする物やサービスを作り出す労働力が足りなくなるということ。だけど，ほんとうにそうなの？

　わたしがその点を疑問に思うのは，2つの理由があります。まず，この世界には，ほんとうは必要のない労働，「ブルシット・ジョブ（クソ仕事）」と呼ばれる仕事がたくさんあるから。次に，ロボットやAI（人工知能）が人間の仕事を次々に肩代わりし始めているから。

　ブルシット・ジョブとしてわたしが真っ先に思い浮かぶのは，セールス，営業の仕事。と書くと，あまたの企業の経営者から怒られるかもしれない。セールス，営業こそ企業にとって欠かせないものだと。もちろん，一企業にとってセールス・営業が死活的重要な業務であるこ

とはわたしだって分かっています。だけど，たとえ一つの企業，個々の会社にとっていかに必要不可欠の業務であっても，社会全体としては，セールスは労働力の無駄遣いなのです。経済学で言う「合成の誤謬」の典型かもしれません。

　自分自身を振り返ってみれば，人はほんとうに必要なもの，心からほしいと思うものは，セールスされなくても自分で買います。セールスされないと買う気にならないものは，ほんとうは必要ないもの，無駄な買い物なのです。わたしにとって無駄というだけではなく，無駄な物やサービスの生産を助長して資源を無駄遣いしています。

　ひょっとして今の日本社会は，労働力が適切に配分されるなら，1日4〜5時間くらい働けば自分たちにとって必要にして十分な物やサービスを生産し分配できるのかもしれない。それ以上に働いて，必要にして十分を超える余分な物やサービスを生産し，それらを無理して売り込むためさらに余計な労働力を投入している。それが今の日本の社会なのかも。

　セールス以外にも社会的には無意味，無用な仕事はいろいろありそうです。それらに配分されている労働力を社会がほんとうに必要としている分野に再配置すれば，かなりの少子化にも対応できるはず。

　ロボットやAIについては，毎日のようにニュースが

流れています。その進歩のスピードを見ていると，労働力の不足どころか労働力の過剰つまり失業の方こそ心配になります。

　こんな「書生談義」に対しては，「それは机上の空論であって，現実の経済システムではブルシット・ジョブや失業者を社会的に必要とされる分野に再配置できないのだよ」と反論されるかもしれない。ならば，それを可能にするような経済システムを考案し設計すればいい。それこそが，学者や官僚の仕事でしょう。少子化についての心配をかき立てるような論文や報告書を垂れ流している場合ではないのです。

一　心の片隅の夢

　子供を産むことについてずいぶん否定的というか懐疑的な意見を書き連ねましたけど，そんな気持ちの一方で，芸術のような子育てをしてみたいという気持ちが心の片隅にありました。20代の終わり頃から30代，40代にかけての頃。

　一人の子供と日常的に触れあい，いろんなことを話して聞かせ，読書の知的楽しみを教え，世界についてのさまざまな知識を伝え，知識だけでなく，ものの見方・考え方，論理的思考力を育み，知性に裏付けられた徳を養い，音楽や美術の傑作を一緒に味わいながら芸術への感性を磨き，ともに野山を歩いて日の光や空の色や風のそ

よぎを受け止めて自然の美しさへの感受性を育てる，そうやって，丹精込めて芸術作品を作り上げるように，一人の子供を教育してみたい，そんな思いを抱いたこともありました。

それが自分の子供でなくてもいい。むしろ自分の子供でない方がいいかも。まったくの赤の他人でもいいけど，姪や甥くらいがちょうどよい。赤の他人よりは親密だけど，親子ほど密着してはいない間柄。日頃の診療の中で，親子の密着，共依存，過干渉の精神病理にしばしば出くわすわたしは，おじ・おばと甥・姪の関係，三等親の関係が，子供が育つのに一番適した環境，子供を育てるのに最適の距離感ではないかと思うことがあるのです。

それから，「一身具現性」とでも言うべきテーマ。ずいぶん難しい漢字を書きましたが，要するにこういうことです。今の世の中では，知識は学校や塾で，音楽や美術は音楽教室や絵画教室で，自然との触れあいはそれぞれのイベントなどで身につけるのが普通でしょう。一人の人間がそれらすべてをカバーすることはほとんどあり得ません。確かに，個々の知識や技能については，それぞれの専門家，専門組織の方が優れているかもしれない。だけど，いろんな人や場所で細切れのサービスとして知識や技能を学ぶのとは別に（それはそれで有意義なことだけど），知性，徳，感性を一身に具現した人格に触れること，その人格を通して人間のあり方を学ぶことは，

子供にとってとても大きな意義があるはず。そしてもちろん，育てる側にとっても，とても幸せな経験になるでしょう。

　わたし自身は，子供の頃あるいは若い頃，そのような，言うなれば「師」と呼べるような人に触れあう機会はありませんでした。逆にわたしに「師」として接してくれるような子供がそばにいたこともありません。心の片隅で夢見ていただけ。

　そんなわたしに子育ての相談をする人もいます。患者さんにもいるし，知人，友人にもいます。そんなに多くはないけど。相談されればまじめに答えます。自分の持っているものを一人の子供に注ぎ込む芸術的な子育てという夢や理想は，それとして，もうちょっと現実的な視点から，子供を育てるに当たって，「こうすればいい」と思うものはいくつかあるから，それを伝えるようにしています。

一　子育て相談

　子育てで一番大切なこと，それはNoと言える人間に育てること。「いやなものはいや」，「だめなものはだめ」と拒否するのは，大人になって世間で生きていく時に絶対に必要な能力です。とりわけ女の子は，人の言うことに逆らわない素直な子が良い子，という価値観を刷り込まれやすいから，親がしっかりNoと言うことを教

えないといけません。それができないと，好きでもない男に迫られて，断り切れずに同棲→結婚→DVなんてことになりかねません。それほどでなくても，Noと言えないために招き寄せる不幸はたくさんあります。

　Noに関してもう一つ大切なこと；Noと言う相手は他人だけではありません。自分に対してもNoと言う必要はあります。その場，その時の欲求や感情に身を任せて，自分のためにならないことをしそうになる時，そういう自分にNoと言えること。幸せに生きるには，感情を理性でコントロールする能力が必要です。理性の判断に基づいて自分の感情にNoと言う能力。クリニックの診察室から世間を眺めていると，世の不幸の半分は，自分の感情を理性でコントロールできないために生じているのかもしれないとも思えてきます。

　と，まあこんなことを話すのですが，そして，相手はそれなりに耳を傾けてくれるのですが，相手がわたしからほんとうに聞きたかったのは，そんなことではないようです。では，どんな話を期待しているのか……ありていに言えば，子供をどんな職業，どんな会社に就職させればいいか。どの分野，どの企業が将来性があるかという予測です。わたしは，

「そんな予測はできません」

　と正直に答えています。神様ではないんだから，未来を見通すことなんか，できません。できないことは諦め

るのが一番賢い態度のはず。

　せいぜい言えるのは，今現在ピークにある業界，脚光を浴びている職種は避ける方がいいだろうということ。そういう業界，職種は20〜30年後くらい，つまり子供が大人になり自分の生活を自分で支えていく年頃になった頃には衰退している可能性が高いから。これはわたしの実体験から言えます。わたしが子供の頃，鉄鋼とか造船とか石油化学といった重化学工業が日本の花形産業でした。わたしが大人になった頃，それらは斜陽産業になりかけていた。その後も，一つの産業，業界が花形でいられるのは20〜30年くらいのようです。

　というわけで，避ける方がいい業種，業界は分かるけど，推しの業種，業界は……繰り返しになるけど，分かりません。その代わりに（代わりになるかどうか分からないけど），

「金銭感覚，賢いお金の使い方，あるいは，少ない収入で上手に生活する能力を身につけさせるといいでしょう」

　とお話しします。職業というか業種の選択を間違えて，30代，40代くらいにリストラ，失業の憂き目に遭っても生きていけるように？……まあ，それも理由の一つだけど，もっと積極的な理由があります。少ない収入で生きていける方が人生の選択の幅が広がるからです。

　どういうことかと言えば，親の遺産で生活できるようなごく例外的な人たちを除けば，人は働かないと収入が

得られないのですが，希望する収入額を上げれば上げるほど，仕事の選択の幅は狭まるはずです。単純な計算です。月収20万円以上の仕事より月収30万円以上の仕事の方が少ないし，月収30万円以上の仕事より月収40万円以上の仕事の方が少ないし，月収40万円以上の仕事より月収50万円以上の仕事の方が少ない。以下同様……。多くの収入を望まずに済むなら，幅広い仕事を選択肢に入れることができ，その中から自分にとって一番好ましい，自分に適した，ストレスの少ない，やり甲斐のある仕事を選べる。そして，どんな仕事を選ぶかということは，どんな人生を選ぶかに直結しています。

　高収入の可能性を見限って低収入で生きていくためのスキルを身につけさせる，言うなれば「貧乏耐性」を植え付けるとは，なんとも消極的というか草食系の生き方に見えるかもしれません。「そんなことを言うから日本経済から活気が失われるんだ。高収入目指して，贅沢を望んで，積極的にリスクを取りに行く生き方こそ推奨すべきだろう」と叱責されそうです。でも，リスクを取る生き方を目指す人こそ，貧乏耐性を身につけておく方がいいはず。なぜなら，リスクへのチャレンジが常に成功するとは限らないから。そもそも成功が不確実だからこそ，リスクなのです。チャレンジに失敗すれば，ほぼ間違いなく収入は減る。永遠にとは言わないけど，当面は（数ヶ月あるいは数年？）貧乏暮らしを余儀なくされま

す。「それでも大丈夫」という自信がないと，リスクを取りに行けないのでは？

　日本の若者は起業意欲が乏しいとしばしば言われます。それが本当かどうか，検証の必要があるけど，仮に本当だとして，その理由はさまざまでしょう。わたしは，現状の生活水準を切り下げる覚悟ができないということも，その理由の一つではないかと思っています。

　自分のことを振り返ると，わたしはそんなにリスクを取る生き方をしてこなかったけど，大学を卒業する時，「会社勤めなんて絶対無理」と思って就職せず，フリーランスの翻訳の仕事を選びました。自分ではさほどリスクとは思わなかったけど，傍目にはリスクの多い選択に見えたかもしれません。幼い頃から，堅実な生き方をする親の元で育って，そして札幌での4年間の学生生活はそれなりに貧乏だったから，節約生活のスキルは身につけているという自信がありました。だから，就職しないという生き方を迷わず選択できたのでしょう。

一　親の願い，子の願い

　一般的な子供の育て方ではなく，より具体的に，大学受験がらみの相談をされたこともあります。受験を控えた娘さんのいる母親の悩み。自分の希望や夢を子供に押し付けているんじゃないのか，子供のことを考えていると言いながら毒親として振る舞ってしまっているのでは

ないか，というような悩み。

　たぶん，毒親かもと自分を疑う時点で，彼女はほんと
うの毒親ではないでしょう。ほんとうの毒親は自分を毒
親だと自己認識しないと思うから。そんな自己認識がな
いから子供に毒として振る舞える。彼女は，子供にとっ
ていささか迷惑な親ではあるかもしれないけど，そもそ
も子供にとって迷惑でない親など，この世に存在するの
かとも思います。とりあえず，こんな慰めの言葉をかけ
ました。慰めになっていないかな？

　慰めになっていることを願った上で，それ以上のこと
は難しい。この種の相談は苦手なんです。受験の悩みの
相談が苦手なわけではありません。親の立場からの相談
を受けるのが苦手なんです。というのは，わたしはこの
年になっても，親子関係を子供の立場から見る癖が抜け
ないから。それこそ毒親に育てられた子供のなれの果て
の大人たちを相手にすることが多いからかもしれません。
だから，彼女の悩みを聞いた後，こんなことを考えてし
まいました。

　自分（子供）の意志や希望と親の意志や希望が食い違
う場合，どっちに従う方がいいか？　親でなくてもほか
の親戚でも友人でもいいのですが，親切に（あるいは，
お節介に）自分に忠告してくれる人の意見と自分の考え
のどちらに従う方がいいか？

冷静に，論理的に考えると4つのケースがあり得るでしょう。

ケース1)　自分の思うとおりに行動して，自分の願ったとおりの結果を得る。

ケース2)　自分の思うとおりに行動して，失敗する。

ケース3)　親の言うとおりに行動して，親の願ったとおりの結果を得る。

ケース4)　親の言うとおりに行動して，失敗する。

　たぶん，最良はケース1でしょう。自分の願いが叶って万々歳，何も言うことはない。それに比べるとケース3は，結果として成功しても，ちょっとばかり不満が残りそうです。「でも，自分の思うとおりに行動してもうまくいったかもしれない」とか「これは，わたしがほんとうに望んだ結果ではない」という不満，後悔が少しばかりは残るだろうと思います。

　最悪は言うまでもなくケース4。自分の希望を捨てた上に失敗してしまう。踏んだり蹴ったりです。ケース2も，もちろんマイナスではあるけど，ケース4に比べればまだしも自分の思ったことにチャレンジできたという慰めは残るだろうと期待していい，かな？

　順序づければ：ケース1＞ケース3　そして

　　　　　　　　　ケース2＞ケース4

　たぶん，ケース3＞ケース2　も成り立つと思いますが（自分の思うとおりに行動して失敗するより，親の言

うとおりに行動して成功する方がまだしも満足度は高い）、この不等式は以下の考察には必要ありません。

　とりあえず、上記2つの式が成り立つなら、多少なりと数学が分かるなら、

ケース1＋ケース2＞ケース3＋ケース4

　が導けます。大きいものどうしを足し合わせた和は、小さいものどうしを足し合わせた和よりも絶対に大きい。不等式の計算が苦手なら、具体的なポイントを付けると分かりやすいかも。たとえば、

ケース1＝100点

ケース2＝－50点

ケース3＝50点

ケース4＝－100点

　とすれば、

ケース1＋ケース2＝50点

ケース3＋ケース4＝－50点

　で、確かにケース1＋ケース2の方がケース3＋ケース4よりポイントが高い。

　念のために書き足しますが、4つのケースに割り振るポイントは、ケース1がケース3より高く、ケース2がケース4より高いという条件（先ほどの不等式で示した条件）を満たしている限り、どんな数値を当てはめても成り立ちます。つまり、成功した場合と失敗した場合の両方を足し合わせれば、自分の思うとおりに行動する方

が満足度が高いと見込める。あくまで「見込み」です。確実ではありません。

　ならば，親であれ友人であれ，自分とは意見の異なる人のアドバイスは無視して突っ走るのが最適解なのか？残念ながら，ことはさほど単純ではありません。これまでの計算（議論）には大事な前提条件があります。上記の4つのケースが起こる確率はそれぞれ等しいという前提条件です。この条件が満たされないなら，結論も違ってきます。

　極端な事例を挙げれば，ケース1になる確率は0%，つまり自分の思うとおりに行動して成功することは絶対にない。逆にケース3になる確率は100%，つまり，親の言うとおりに行動すれば必ず成功する。確実にこのように見込めるなら，親の言うとおりに行動する方が賢いです。ここまで極端なことを言わなくても，ケース1の確率がとても低くて，ケース3の確率がとても高いなら，親の言うとおりに行動する方がいいでしょう。

　問題は，この確率そのものを確実に推測できないこと。子供はケース1の確率を高めに見積もりそうだし，親はケース3の確率を高めに見積もっているでしょう。お互いそれぞれの確率をどれくらいに見積もっているのか，率直に語り合う？……うーん，語り合っても正解にたどり着くとは思えない。わたし自身，こんなことを自分の親と語り合ったことなどありません。まあ，語り合うこ

とそのものが互いの意思疎通に役立つことはあるかもしれないけど。

　確率を見積もれないなら，4つのケースに同じ確率を割り振る？　そうすれば，さっき計算したように，自分の意志，希望に従えばいい。これで納得できるなら，話は簡単です。子供は納得するかも。親は納得しないかもしれない。

　ところで，これまでの議論にはもう一つ重要な前提条件があります。子供は自分の意志，希望を持っていて，それをちゃんと自覚，把握しているという前提条件です。この前提条件が満たされていないかもしれない。子供が自分の意志や希望を持っていないかもしれない。今の若い世代では，案外ありがちかも。もし，ほんとうにそうであるなら，その時は「とりあえず親の言うとおりにしてみれば？」と誘導してもいい。

　ただ，その場合に気がかりなこと。子供がまじめで親思いの子だと，親の意見や期待を真に受けて，一生懸命がんばり，その結果，過労死とは言わないまでも，燃え尽きてしまうリスクがあります。無視できるほど確率の低いリスクだとは思いません。であれば，なんらかの安全装置を備えておきたい。燃え尽きる1歩（あるいは2〜3歩）手前でブレーキがかかるようにしておく。

　子供にその種のブレーキが内蔵されているなら，つまり，燃え尽きる手前で「ああ，もう無理」と自覚し，そ

れをきちんと親に表明できるなら，問題ありません。でも，往々にして，まじめな子ほど自分の燃え尽きを自覚できない，あるいは自覚しても親に言えない。であれば，身近な人（たいていの場合は親）がブレーキ役にならないといけないけど，それを期待していいのか？　悩ましいです。わたしにできることは，ブレーキの必要性を親と子の両方にしっかり説明することくらいかな。

　わたし自身は，あの年代，中学生，高校生の頃，どんなふうに考えて行動していたんだろう？　もう遠い昔のことですが，今から振り返ると，どうも「自分の思うとおりに行動して失敗したら，それはそれで仕方ない。親の意見に逆らった以上は，親に泣き言は決して言わない」と腹をくくっていたようです。子供の立場では，たぶんこれが最良の態度，気構えだろうと今でも思います。

　では，親の立場では？「キミは好きなように生きていい。その代わり，何があっても親に泣き言を言うな」と子供を突き放してくれるのが一番かな。でも，そんなふうに子供を突き放せる親は，そもそも子供のことで悩まないのでしょうね。

― Good enough

　さっきも書いたことだけど，わたしの患者さんには毒親に育てられ（痛めつけられ），そのトラウマを抱えな

がら大人になった人がかなりいます。どこの精神科も同じような事情なのか，わたしのクリニックの特殊事情なのか，それは分からないけど。

　そんな人たちを診ていると，わたしは親に恵まれたのだなと思います。決して立派な人たちではなかった。欠点の1つや2つはすぐに思いつく。ごく普通の親。でも「普通」であるのがどれほど子供にとってありがたいことか，普通でない親を親とせざるを得なかった人たちの相手をしていて，痛切に感じます。

　「普通でない」にはプラスとマイナスの2方向があります。マイナスの方向での普通でない親は，誰もが「毒親」として思い描くような親。子供を虐待しネグレクトする親。これがひどい親であることはすぐに分かります。ありがたいことに，わたしの親はそんなひどい人ではなかった。

　プラスの方向で普通でない親。いろんなタイプがあるけど，真っ先に思いつくのは子供を愛しすぎる親。愛しすぎて子供をコントロールし，束縛し，子供の自由を奪い取る親。過剰な愛，とりわけ親から子に注がれる過剰な愛は呪いになります。

　もう一つのタイプは立派すぎる親。子供から見て突っ込みどころがない親。親の言うことがみな正しいなら，子は親に従うしかない。それは子供にとって幸せなことなのか？　そんな親に育てられなかったから，実感が湧

かないけど，あまり幸せそうには思えません。わたしの親は，思春期の頃，ご多分に漏れず反抗するわたしが，「悪いのはわたしじゃなくて親の方だ」と信じられる程度には落ち度のあった親。まあ，これはわたしの視点からの話であって，客観的に見るとわたしの方に落ち度があったのかもしれないけど。

　そんな普通の親子関係の中でいろいろと親子の軋轢があったのは普通のことでしょう。そのため，16歳の年の5月から翌年3月まで家出をしたのは普通ではないかもしれないけど。家に戻って，高校に入り直し，卒業する時に，今度はきちんと親の了承を得て実家を離れました。実家から通えない大学に入学したから。それからは年に1度帰省するくらい。そんな距離感の中で親への感情も穏やかになっていきました。

　今のわたしなら，子供の頃はうっとうしかった親の愛をおおらかにゆとりを持って受け入れられるかもしれない。今のこの分別を備えて，もう一度子供時代をやり直せたら，わたしは親をもっと幸せにできるかもしれない，そしてわたし自身ももっと幸せであるかもしれない……まあ，叶わぬ思いですけど。わたしくらいの年頃になると，多くの人が思うことかもしれません。若い人には分からないでしょうね。若い頃のわたしは分からなかった。

　タイトルの "Good enough" は「十分に良い」という

よりも「ほどほどに良い」という意味です。

後書き

　織田信長は桶狭間の合戦の前に「人生わずか50年」と歌い舞ったそうだけど，そして50年に2年足りない48歳で死んだけど，今や人生100年時代と言われます。ほんとうに100年生きるなら，わたしはほぼ3分の2を生きたことになる。節目の年ではあります。自分の死が，遙か遠い先のことではなく，ある程度の現実味を持って眺められるようになる年頃。でもまだ何十年かは生きる覚悟を持っておかないといけない年頃。残された人生を後悔なく生きるよう，これまでの人生を振り返っておきたいという思いが心をよぎる年頃。

　そして昨年（2023年）はジェンダーをめぐっていろんな出来事がありました。6月にはLGBT理解増進法の制定，10月には静岡家庭裁判所と最高裁判所での法的性別変更の要件の見直しの判断。それらに触発されてメディアでもいろんな議論が交わされていました。

　そんな出来事にも触発されて，折に触れて思うことを文章にまとめました。トランスジェンダーというわたし自身が当事者である話題から始め，世界の未来などという壮大な話に発展し，最後にまたわたしの親子関係という個人的な話題に戻りました。それは，ごく当たり前の

こと。この世界は，わたしが生きる世界，わたしの親たちが生きてきた世界，わたしの子供たちの世代が生きることになる世界なのだから。それともこのような感覚，自分の個人的なことを世界につなげて考えるような感覚そのものが，わたしの世代に特有なことなのかな？　だとしたら，その感覚もまた次の世代に語り伝えたい。

　子供の頃から「変な子」，「変な人」だったから，常識とは違う発想もあると思うけど，「ふーん，こんな考えもあるんだ」と思って読んでもらえるなら，うれしいです。もし，こんな発想に興味を持ってくれたなら，暇な時にわたしのサイトを覗いてみてください。

Café lisant（カフェ・リザン）

http://cafelisant.cafe.coocan.jp/

です。小説やエッセイ，それから医学や語学にかかわる文章を公開しています。

　最後に，お願いというか注意があります。松村順はペンネームです。本名ではありません。この名前で医師や病院を検索してもわたしのことは出てきませんので悪しからず。

著者プロフィール

松村 順（まつむら じゅん）

1956年生まれ。福岡県出身
現在は東京都内に在住
北海道大学文学部，千葉大学医学部卒業
翻訳業に10年ほど従事した後，現在は医業に従事。
趣味はダンス，読書，文芸創作。
サイト "Café lisant"
HP：http://cafelisant.cafe.coocan.jp/
に創作した作品を公開しています。

イラスト協力会社／株式会社ラポール イラスト事業部

トランス女医の問わず語り
ジェンダー，セクシュアリティー，女の生き方，そしてこの世界

2024年6月15日　初版第1刷発行

著　者　　松村 順
発行者　　瓜谷 綱延
発行所　　株式会社文芸社
　　　　　〒160-0022　東京都新宿区新宿1－10－1
　　　　　　　　　　　電話　03-5369-3060（代表）
　　　　　　　　　　　　　　03-5369-2299（販売）

印刷所　　株式会社フクイン

ISBN978-4-286-25401-2　　　　　　　　　　　JASRAC 出2401693－401